BARS & TAVERNS

52 Establishments including Nightclubs & Discotheques

目次

CONTENTS

Abbreviations 略号

A/C	Air Conditioner	空調機
BC	Beer Cooler	ビールクーラー
	Bottle Cooler	ボトルクーラー
CR	Cloakroom	クロークルーム
CS	Circulation Space	通路
CTR	Counter	カウンター
DCT	Dish up Counter	ディシャップカウンター
DF	Drinking Fountain	ドリンクディスペンサー
DS	Duct Space	ダクトスペース
DSP	Display Space	ディスプレイスペース
DT	Display Table	ディスプレイテーブル
DW	Dumb waiter, Lift	ダムウエーター・リフト
EH	Entrance Hall	エントランスホール
ELEC	Electrical Room	電気室
ESC	Escalator	エスカレーター
ELV	Elevator, Lift	エレベーター
F	Freezer	冷凍庫
FR	Fitting Room	フィッティングルーム
FRF	Freezer & Refrigerator	冷凍冷蔵庫
GL	Ground Level	基準地盤面
Hg	Hanger	ハンガー
IM	Ice Maker	製氷器
LF	Lighting Fixture	照明器具
LR	Locker Room	ロッカールーム
MIR	Mirror	鏡
MECH	Mechanical Room	機械室
M・WC	Men's Water Closet	男子用便所
PA	Public Address	音響機器
PN	Pantry	パントリー
PS	Pipe Shaft	パイプシャフト
PT	Package Table	包装台
R	Register, Cashier	レジスター
REFR	Refrigerator	冷蔵庫
SC	Show Case	ショーケース
Sh	Shelf	棚
SP	Speaker	スピーカー
SPC	Sample Case	サンプルケース
SR	Staff Room	従業員室
SS	Service Station	サービスステーション
	Service Area	サービスエリア
ST	Stage	陳列（台）ステージ
SW	Show Window	ショーウインドー
T	Table	テーブル
VM	Vending Machine	自動販売機
WA	Waiting Area	待合スペース
WT	Work Table	調理台・作業台
W・WC	Women's Water Closet	女子用便所
WH	Warehouse	倉庫・ストックルーム

CL	Clear Lacquer	クリアラッカー
CB	Concrete Block	コンクリートブロック
EL	Enamel Lacquer	エナメルラッカー
EP	Emulsion Paint	エマルジョンペイント
FB	Flat Bar	フラットバー
FIX	Fixed Fitting	はめ殺し
FL	Fluorescent Lamp	蛍光灯
HL	Hair-line Finish	ヘアライン仕上げ
LGS	Light Gauge Steel	軽量鉄骨
OP	Oil Paint	オイルペイント
OS	Oil Stain	オイルステイン
PB	Gypsum Board, Plaster Board	石こうボード
PL	Plate	平板・プレート
RC	Reinforced Concrete	鉄筋コンクリート
S	Steel Frame	鉄骨
SRC	Steel Framed Reinforced Concrete	鉄骨鉄筋コンクリート
VP	Vinyl Paint	ビニルペイント
@	Pitch	ピッチ

本書は1989年から1993年までの月刊商店建築誌（増刊号を含む）に掲載された作品をセレクトし，構成したものです。作品に関するコメントは，編集者が雑誌に掲載された設計者とクライアントのコメントを短かくし，一つの文章にまとめています。また，巻末の作品データ欄は雑誌掲載時のものですので，営業内容など変更になっている場合があります。

This book collects projects selected from Monthly Shotenkenchiku back numbers(including extra issues) published from 1989 through 1993, adding several new ones. All the texts except some of the new projects are summaries by the editor of comments by the designers and clients.

PUBS & TAVERNS

北倶楽部

北海道札幌市中央区南 9 条西 4 丁目287-4

Restaurant Bar & Disco KITA CLUB

Minami 9-jo Nishi 4chome Chuo-ku Sapporo, Designer Zaha M.Hadid＋Masami Matsui＋Mitsuru Kaneko

ディベロッパー／ジャスマック　葛和満博　トータルディレクション／アクス　松井雅美
設計／建築　弾設計　金子　満　秋山甚四郎　清水　昭　真壁雄司
内装　アクス　松井雅美　太田雅一　鈴木健二　矢島信五（実施設計とも）
ザハ　M.ハディド（1・2階一部基本設計）
施工／建築　飛島建設・辰村組J.V.　内装　川原木建築設計　ボックスプランニング

1. 水をテーマとした1階・ムーンスーンの大テーブル席
1F：Big table of the Moon Soon

2・3. 飛翔する断片をコンセプトとしたムーンスーン2階客席
2F：Interior view of the Moon Soon

ザハ・M．ハディドといえば，香港のザ・ピーク・コンペティションで一躍，世界的な注目を集めた女性建築家であり，流麗なタッチで描かれたドローイングは脱構築的で未来的なイメージに満ちている。彼女の作品は実現したものが，ほとんどないが，このレストランビルの１・２階を占めるレストランバー・ムーンスーンは，実際に完成した数少ないプロジェクトの一つである。

施工に際しては，ハディドは建築図面をおこさず，模型とドローイングを元に建設側が図面化し，工事を進めるという方法がとられた。この結果，彼女の"飛翔する断片"というイメージコンセプトは造形的には実現されたが，素材とディテールの部分で不十分な面が残ったことはやむを得ないことであろう。

このレストランビルは，外国建築家を次々と起用してプロジェクトを進めるディベロッパー・㈱ジャスマックが北海道・札幌市に完成させた大型の商業施設であり，地下１階と地下２階には松井雅美のデザインになるディスコ・アコンカグアが配されている。

4. 地下2階ディスコのダンスフロア
   B2F：Dancing floor of the Disco
5. ディスコ入り口まわり外観。背後は鴨々川
   Facade of the north side

KITA CLUB

Zaha M. Hadid is a famous architect who got worldwide attention in the Peak Competition in Hong Kong. Her elegantly finished drawings are full of deconstructive and futuristic images. Moon Soon, a restaurant-bar on the first and second floors of this restaurant complex, is one of her very few projects that have been realized.

The plan for the restaurant was prepared not by Hadid but by the constructors based on her drawings and models. Consequently, although her image concept of "flying pieces" was given a rough shape, some insufficiency was unavoidable in terms of materials and details.

This large restaurant complex was completed in Sapporo, Hokkaido, by Jasmac Co., Ltd., a developer which invites one architect after another from abroad in carrying out its projects. The first and second basements of the building are devoted to discotheque Aconcagua designed by Masami Matsui.

5

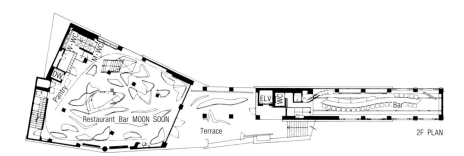

2F PLAN

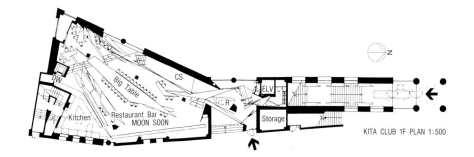

KITA CLUB 1F PLAN 1:500

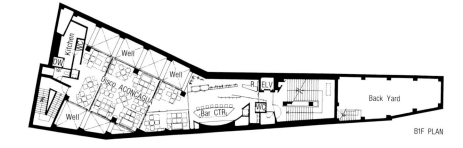

B1F PLAN

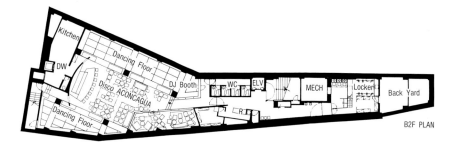

B2F PLAN

「アフリカ」をテーマとしたレストランバー

キササ

大阪府大阪市中央区東心斎橋 2 丁目 8-26 都ファッションビル地下 1 階

Dining Bar KISASA

Higashi-shinsaibashi Chuo-ku Osaka
Designer Takashi Sugimoto

AD／杉本貴志
設計／スーパーポテト　川上尊道　月山　巌
協力／照明　ウシオスペックス　佐藤政章
施工／フロムファースト　中嶋吉隆

1. 蛍光塗料により浮かび上がる洞窟風のアプローチ階段
   Staircase of the entry
2. パントリー側から見た客席B。人工的な素材によりアフリカを表現
   View of the dining B

1

2

キササ

大阪府大阪市中央区東心斎橋 2 丁目 8-26 都ファッションビル地下 1 階

Dining Bar KISASA

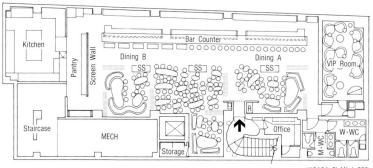

KISASA PLAN 1:300

3

●人工のアフリカ

大阪の繁華街・ミナミに立地するショッピングビルの地下1階を占めるこのバーは，"アフリカ"をデザイン的なテーマとしている。

このテーマに沿って，地上から地下1階へ通じるアプローチ階段は洞窟風なデザインとされ，蛍光塗料で描かれたアフリカ的な文様がブラックライトに浮かび上がる。また，インテリアデザインもアフリカ的なイメージを強く打ち出しているが，それがタイルや廃材の曲がった鉄筋といった人工的な素材で表現されているのが大きな特徴である。照明においても，壁面を赤と青の原色で照らし出し，強烈な原色の世界を地下空間に創り出している。

客層は主に25〜35歳ぐらいの自分のテーストにこだわりを持った人々を対象に出発したが，現実には，早い時間帯にはビジネスマンやデザイン関係の客が多く，また深夜には水商売に従事している人々が来店する。インテリアデザインやバックグラウンドミュージックのわりに落ち着ける雰囲気のせいか，滞留時間数は2〜3時間以上と比較的，長めである。

3. 廃材を使ったスクリーンウォール
Detail of the screen wall

KISASA

"Africa" is the design theme of this bar in the first basement of a shopping center situated in Minami, one of the busiest districts in Osaka. Based on this theme, the stairway down to this bar was designed to look like a cave with African patterns in fluorescent paint glowing in black light. The design of the interior also emphasizes the African taste. Characteristically, it was realized by industrial materials such as tiles and scrapped bent reinforcing bars. As for lighting, the walls are lit up in two primary colors, red and blue. This makes this underground space all the more vibrant.

Originally intended to appeal to those aged between 25 and 35 who have their own distinctive taste, the bar attracts business people and those in the design industry in early hours and people in the restaurant business in late hours. Its relaxing atmosphere despite the interior design and the background music makes customers stay two to three hours or more.

タブロウズ

東京都渋谷区猿楽町11-6 サンローゼ代官山地下1階

Restaurant & Bar TABLEAUX

Sarugaku-cho Shibuya-ku Tokyo, Designer O'brien＋Associates

設計／オブライエン アンド アソシエイツ
設計協力／河野利哉
アートワーク／真壁 廉
施工／乃村工芸社 ファビリカ

1. パントリー側から見たカクテルラウンジ
View from the pantry to the cocktail rounge

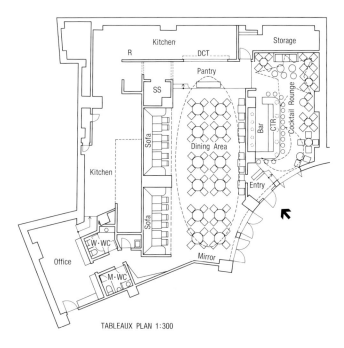

TABLEAUX PLAN 1:300

2

3

●絵画的場面が連続する空間
"タブロウズ" とは一般的に絵画のことを指すが，劇的な場面，印象といった意味もある。
東京・代官山のショッピングビル地下1階にできたこのレストランバーは，店名通りに東洋も西洋もなく，過去でも未来でもない世界の様々な場面が切り取られ，混在する世界がショップのコンセプトとなっている。
時代やスタイルがユニークに凝集，攪乱された空間，ファンタジーと現実が溶け合う快適さに取り囲まれて食事をするとき，人々のイマジネーションは解放され，印象的で活き活きとしたディナーというドラマが繰り広げられるというのが，オーナーとデザイナーの共通した考えかたであった。
多くの装飾的な要素と建築的なディテールに囲まれた

空間は，来客の多層的な意識の下にある興奮欲求の部分に溶け込み，タブロウズという名のダイニングシアターへと引きずり込むステージセットであり，すべてのシーンはドラマチックな上演場面なのである。

2. ダイニングエリア壁面に嵌め込まれたミラー
Mirror of the dining area
3. ダイニングエリアのソファ席
Sofa seats of the dining area

TABLEAUX
"Tableaux" generally means paintings but it also refers to dramatic scenes and moments. As its name suggests, the concept of this

restaurant-bar opened in the first basement of a shopping building in Daikanyama, Tokyo, is the intermingling of various imaginative scenes, neither Eastern nor Western, past nor future.
Both the owner and the designer hope that people's imagination is freed and dinner is transformed into a lively drama in this pleasant space where the real merges with the unreal in a unique collage of times and styles.
This decorative space with many architectural details whets your appetite for excitement under the layers of consciousness and is meant be a stage set which beckons you to act in a theater named "Tableaux."

ライブステージがBGMのレストランバー

パールバー

東京都新宿区新宿3丁目21-7 東新ビル4階

PEARL BAR

Shinjuku Shinjuku-ku Tokyo
Designer Sampei Abe

設計／シチュエーション　安部讃平
協力／グラフィックデザイン　堀井秀樹
アートワーク／東京画廊＋菅野由美子
施工／トータルプロジェクト　大谷　誠

● 新宿の夜を借景とした大人のスペース

東京一の歓楽街・歌舞伎町のネオンを見下ろすビル
の4階にこのジャズバーはある。倦怠感に囲まれ、タバ
コの煙にまかれながら一杯のコーヒーで明け方まで語
り合った昔のジャズ喫茶と違い、お洒落でソフィスティケ
ートされた雰囲気がこの店の売り物である。

照度を落とした薄暗い店内は、長さ12mのカウンターを
境に窓外の夜景と、光源を足元に埋め込んだアクリル
製のパーティションの照明が微妙にバランスし、ジャズ
バンドのライブステージとその後方に見えるネオンの瞬
きを引き立てる。

リーズナブルな価格で生演奏のジャズを聴きながら、フ
ランス料理をベースとした食事を楽しむことができるこ
のダイニングバーは、新宿には珍しい多様な楽しみ方
ができる大人のためのスペースであり、幅広い常連客
を持っている。

1. ステージ側から見た客席。スクリーンはアクリル製
View from the stage side

PEARL BAR
This "jazz bar" occupies the fourth floor of a
building which overlooks neon lights of
Tokyo's busiest amusement district, Kabuki-
cho. It features a smart atmosphere contrary
to so-called "jazz cafes" in the old days,
where people spent the night talking in ennui
over a cup of coffee in cigarette smoke.
In the dimly lit room, the night view outside
the window over a 12m counter is in an
exquisite balance with the light from a built-
in lamp in the foot of an acrylic partition. This
effectively complements a jazz band on
stage and the background shimmer of the
neon signs.
With its reasonably priced French-based
dinner and live jazz, it is certainly a place for
adults, which is hard to find in this popular
town. This explains its diverse clientele.

1

2. アルミ製のキャノピーをもつバーカウンター席
View of the bar counter

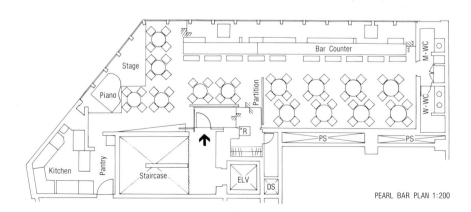

PEARL BAR PLAN 1:200

イタリアと日本的空間を融合させたレストランバー&クラブ

花&夢シラカワ

京都府京都市東山区縄手通白川東入ル

Restaurant Bar & Nightclub HANA & YUME Shirakawa

Nawade-dori Higashiyama-ku Kyoto, Designer Afra & Tobia Scarpa

プロデュース／アルクインターナショナル　中塚重樹
設計／地下１階・１階内装　アフラ&トビア・スカルパ
協力／聖拙社　グラフィック　田中一光
施工／白水社大阪支店

1. 地下1階の「花シラカワ」に至るアプローチ階段
Staircase of the basement floor

1

3

●日本で亡くなった父へのレクイエム

古都・京都は日本の伝統的町並みを多く残している都市であるが，近年，開発の波が押し寄せてきたため，一部の地区では，古い建物の外観を修理，復原することが義務づけられるようになってきた。

ネクサス・プロジェクトは，このような地区で景観を破壊することなく，新しい商業施設を作りだそうという試みで，第一期計画として完成したジョイン―ネクサスビルに続いて，このネクサスⅢビルが建てられた。設計者にイタリア人のアフラ＆トビア・スカルパが選ばれたのは，同じテーマは歴史的な建造物が多いイタリアにも存在するはずであり，経験も豊富であろうという理由からである。

わずか72㎡の面積しかない建築は，第一期工事と同じくRC造で，外観は京都の町家を復元している。1階がナイトクラブ・夢シラカワであり，地下1階がレストランバー・花シラカワという構成で，デザインは違っているが，西洋的な意匠のなかに日本の伝統的イメージが感じられる密度の濃い空間に仕上がっている。

2. 地下1階「花シラカワ」のレジ側から見た全景
Whole view of the basement floor

3. 入り口側から見た1階「夢シラカワ」全景
Whole view of the first floor

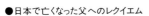

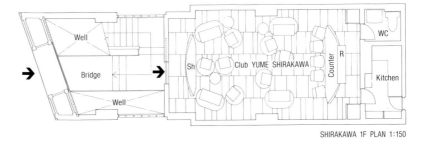

SHIRAKAWA 1F PLAN 1:150

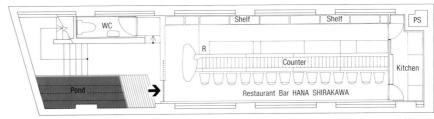

B1F PLAN

HANA & YUME SHIRAKAWA

While the ancient city of Kyoto retains many traditional buildings, recent urban renewal requires the exterior of antiquated buildings to be repaired in some districts.

The Nexus Project is an attempt to create new commercial facilities in such areas while preserving the traditional landscape. This Nexus Ⅲ Building is the second work in the project following the Join Nexus Building completed two years ago. They were planned by an Italian pair, Afra and Tobia Scarpa, on the ground that Italians are much experienced in dealing with historical architectures because they have many of them in their country.

This ferroconcrete building is only 72㎡ and looks like a traditional merchant's house in Kyoto from the outside. It contains nightclub Yume Shirakawa on the first floor and restaurant-bar Hana Shirakawa on the first basement floor. Each has its own design but shares with the other an atmosphere full of traditional Japanese images, which you can feel behind a westernized style.

2

あかりをデザインした和風レストラン&バー

雪月花

東京都渋谷区神南１丁目5-4 ロイヤルパレス原宿地下１階

Japanese Restaurant & Bar SETSUGEKKA

Jinnan Shibuya-ku Tokyo, Designer Soichi Mizutani

2

設計／水谷壮市デザイン事務所　水谷壮市
協力／ライティング　ウシオスペックス　佐藤政章
茶室設計　兵恵　登
施工／インターデザイン　本多洋行

1. 地下におりるアプローチ階段の光り壁　Light wall of the entry staircase
2. 露地の奥に配された「会席・雪」の個室　Room of the Yuki

3

●雪のイメージを実現する

東京・渋谷のビル地下１階に位置するこのレストラン バーは1985年に完成し，好評を博してきたが，機能的 な面からアプローチ部分と会席料理のスペースなどが 改装され，和風レストランバーへと生まれ変わった。

改装に際してオーナーからは京都のスピリッツを盛り 込むことが要求され，その結果，設計者が長年いだき 続けてきた "雪のイメージ" が実現されることとなった。 できるだけ装飾的な要素を取り除き，そこに残された照 明をいかにデザインして空間を創るかが，大きなテーマ であったが，和紙という伝統的素材を使いこなすことに より，オリジナリティのある空間ができあがった。

単に和風とか，京都的ではなく，設計者自身の持って いる美意識や安らぎ，また言葉に表せない何か，東京 という大都会で生活してきた中で知らず知らずのうち に失ってしまった何かを取り戻したいという気持ちが，こ の空間の中に込められている。

3. 和紙を貼った光り壁を持つカウンター席
Counter area of the Yuki

SETSUGEKKA

This flourishing restaurant-bar completed in 1985 in the first basement of a building in Shibuya, Tokyo, has undergone functional remodeling in such areas as the approach and the space for kaiseki ryori, or semi-formal banquet cuisine, and has become a Japanese-style restaurant-bar.

The owner demanded the designer to incorporate the heart of Kyoto into the place. The designer responded with "images of snow" which he had cherished for years. He tried to remove as many frills as possible from the space and designed lighting equipment with the full use of washi, or Japanese paper, to give originality to the space.

This is not just a place with a touch of Kyoto, but the one imbued with the designer's aestheticism, sense of tranquility and wish to recover something important but elusive to words - something we have lost living in the metropolis of Tokyo.

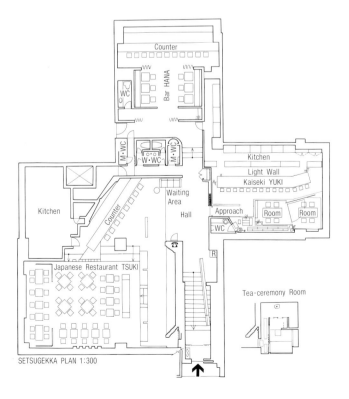

SETSUGEKKA PLAN 1:300

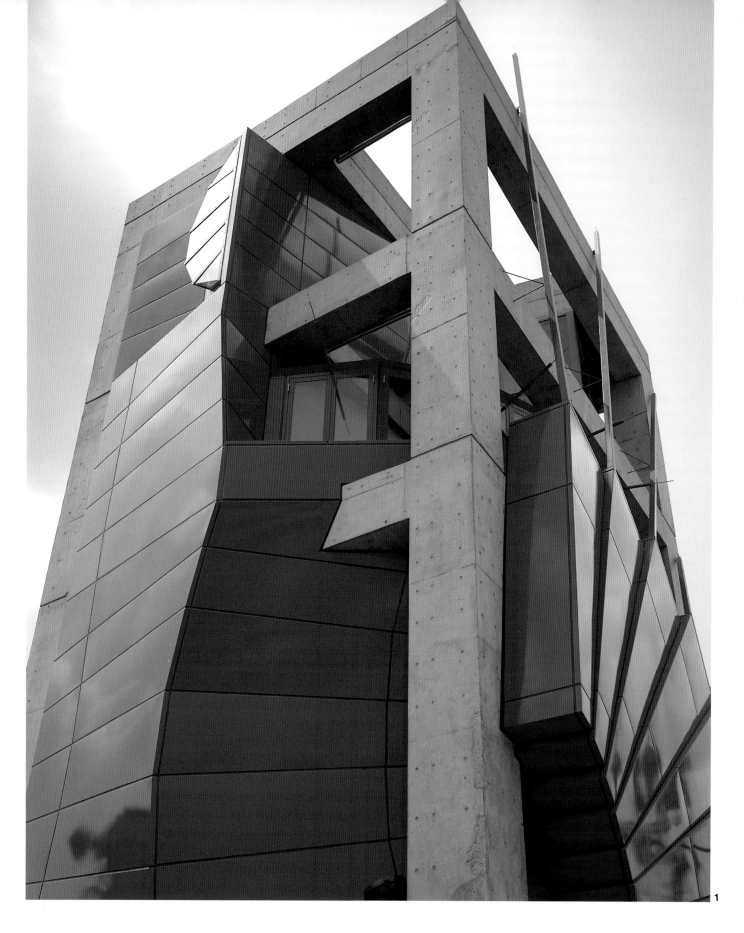

設計／堀川秀夫造形建築研究所　堀川秀夫
施工／建築　實富建設
外壁パネル・特殊金属工事　西田工業
内装　佐野装備　佐々木原安久　小山賢二

ランドマーク的存在のレストランバー

イル ヴィネイト

神奈川県相模原市相模大野 5 丁目25-5

Pub Restaurant IL VINAIT

Sagami-ohno Sagamihara-shi Kanagawa, Designer Hideo Horikawa

1. 北東側より見上げた外観　**Facade of northeast**
2. カウンター席より見た2階全景　**Interior view of the second floor**

●女性の身体を建築に押し込めた外観

東京の衛星都市・相模原にできたこのレストランビルは，特異な外観から赤い建物として注目を集め，地域のランドマーク的な存在となっている。4階建ての建築はRC造の四角なフレームで構成され，東面の2～4階からは背骨状の曲線を持った赤い外壁が外部へとはみ出している。また北側正面の2～3階には，扇状の赤い外壁がへばり付き，その骨に当たる部分はそのまま長く延びて屋上へと達する。

この奇妙な造形は女性の身体をシンボライズしたものであり，柔らかな彼女の身体を固いコンクリートのフレームで包み込んだ形が，この建築のフォルムとなった。東側の背骨状の突起は，うつ伏せになった彼女自身の背骨であり，北側の扇状パネルはヒップの曲線を表している。

内部のデザインは，2～3階の客席が外部と同じように赤をアクセントカラーにしたものであり，4階のパーティールームだけが腐食鋼板貼りの壁面となっている。また"UKO"と名付けられたバースツールは，長い背もたれが，ゆるやかなカーブを描きながら，もう一本の短いパイプとずれあい，決して離れることのない男と女のように，末端で一本に収束している。

3. スカイライトを持つ3階テラス席
   Interior view of the third floor
4. ムク材の大テーブルがある4階パーティールーム
   Party room of the 4th floor

IL VINAIT

This restaurant complex completed in Sagamihara, a satellite town of Tokyo, has got all the attention for its bizarre exterior and become a landmark in the area. The 4-story building is constructed in a ferroconcrete frame and has an outer wall with a spine-like ridge bulging from the east side of the second to fourth floors. Similarly, a fan-shaped red wall sticks to the facade to the north on the second to third floors and its "ribs" extend upward to the rooftop.

These strange forms symbolize a woman's body encaged in a solid concrete frame: The ridge on the east wall is meant to be her spine when she lies on her stomach and the fan-shaped panel on the north wall her curvaceous hip.

As for the interior, seating areas on the second and third floors adopt red as the key color like the exterior and a party room on the fourth floor has walls boarded with eroded steel plates. Bar stools named "UKO" have at the back a pair of gently curving pipes which converge at the lower end like the inseparable man and woman.

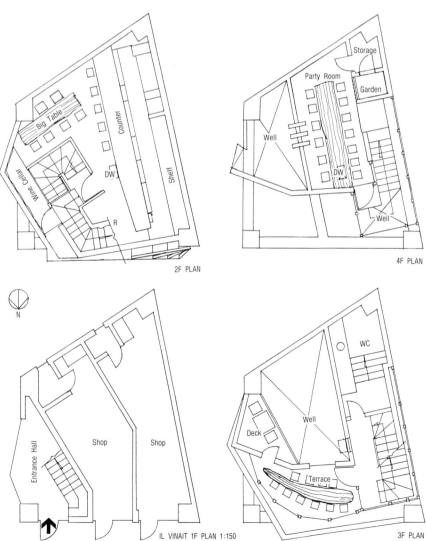

2F PLAN

4F PLAN

N

IL VINAIT 1F PLAN 1:150

3F PLAN

ハーフタイム

東京都中央区銀座 2 丁目6-1 中央共同ビル地下 1 階

Restaurant Bar HALF TIME

Ginza Chuoh-ku Tokyo
Designer Masaaki Ohashi

設計／オムド　大橋正明　星野隆史
施工／協伸建設

●ステンレス製の木立ち

東京・銀座のビル地下にあるこのレストランバーは,七年前に開店した店舗を同じ設計者が改装したもの。インテリアのイメージが変わったことにより客層も変わり,以前は女性客がほとんどであったのが,現在は男性客と女性客の割合がほぼ半々くらいになった。

デザインに際しては,地下空間のわりに階高が高いことを利用して効果的な演出方法を作りだすことに主眼が置かれ,そのイメージとして,月明かりに映える木立ちをステンレス製のスクリーンで表現する手法が採られた。断面がL字形に曲げられたスクリーンは,プレートの薄い小口側は線となり,離れた位置からは面の重なりとして,遮蔽する壁となる。ステンレスの冷たい輝きは,空間の雰囲気を決定するシンボルとしてのスクリーンの存在感を強調するとともに,バラエティに富んだ様々なスタイルの客席を効果的に区分する役割を果たしている。

1. レジカウンターより客席A方向を見る
   View from the cashier to the dining A
2. スクリーンの映り込んだ黒御影石カウンター
   Detail of the screen & counter

HALF TIME
This restaurant-bar in the basement of a building in Ginza, Tokyo, has been renovated by the designer who created it seven years ago. A change in the interior design brought about a change in the type of customers: Before the renovation there was an absolute preponderance of women but now it attracts as many male customers.

The ceiling is high for a basement. The designer took advantage of this to good effect and created a grove bathed in the moonlight by means of a row of stainless steel screens. These screens, which are L-shaped at the cross section, look like lines when viewed from the header. Seen from a different angle, however, they overlap one another to form a wall that cuts out the view. They not only dominate the place with their cold metallic shine but also separate a number of distinct seating areas effectively.

3

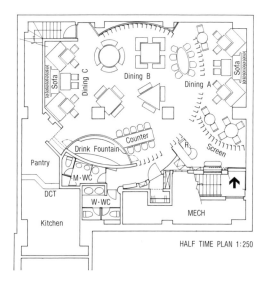

HALF TIME PLAN 1:250

3. 客席Cのソファ席　Sofa seats of the dining C

1

サイ

東京都港区南青山5丁目10-1 八品館地下2階・地下1階

Beer Restaurant SAI

Minami-aoyama Minato-ku Tokyo
Designer Fujio Takayama

設計／プラスチックスタジオアソシエイツ
　　　高山不二夫　西村竜二
施工／弘芸

1. 待合を兼ねた地下1階のバーコーナー
Bar area of the B1 floor

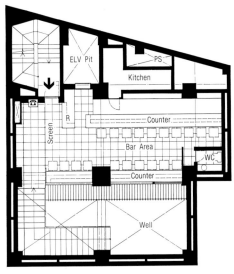

SAI B1F PLAN 1:200

3

●円環により空間を連続させる

青山は東京でもっともファッショナブルで，お洒落な街である。このビアレストランは立地にふさわしく，デザイナーズブランドのシューズメーカーが経営する店であり，インテリアデザインもグラフィック的なパターンを生かした洒落た雰囲気を醸し出している。

2フロアからなる店内は地下1階が待合を兼ねたバー，地下2階がレストランという構成で，地下2階の上部半分が吹き抜けているため，地下1階から地下2階を見おろせるようになっている。

この機能の明確に違う二つの空間を連続させ，融合するためのモチーフとして用いられているのが円環のパターンである。入り口わきのバーとレストランを仕切る円環のスクリーンは，そのまま延びて階段手摺りとなり，奥の壁面へと続く。また，バーの天井は半円状の円環がキャノピーとして埋め込まれ，レストランの天井には向きを反対にして吊り下げられている。これらの円環パターンは，レストラン床の同心円状パターンと相まって，グラフィカルで，リズミカルな印象を空間に与えている。

2. 階段より地下2階レストランエリアを見る
View from the stair to the B2 floor
3. 地下1階と地下2階をつなぐ手摺りの円環パターン
Circular patterns of the B1 floor

SAI

Aoyama is one of the most fashionable areas in Tokyo. Suitably, this beer restaurant is run by a designer shoemaker and it is given a smart aura by geometric patterns.

It occupies the first and second basements

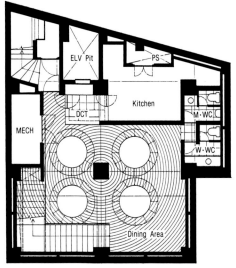

B2F PLAN

of a building, the former being a waiting bar and the latter a restaurant proper, which adopts a wellhole style so that you can take a look down at the restaurant from the bar.

To connect these functionally distinct spaces, circular patterns are employed: A circular screen partitioning the bar and the restaurant extends to the stairway to func-

tion as a balustrade, and further to the back wall. In addition, a semicircle is fixed to the ceiling of the bar as a canopy and there is another one in the opposite direction hung from the ceiling of the restaurant. These patterns, together with concentric circles on the floor of the restaurant, give geometric rhythms to the space.

ボナセーラ

愛知県半田市青山町4丁目3

Restaurant Bar BUONA SERA

Aoyama-cho Handa-shi Aichi, Designer Hideo Dohke

1

● 日常生活からのクルージング

クルージングは人々を日常生活から切り離し，ひととき
の異国情緒を味わせてくれる。名古屋市の郊外・半
田市にできたこのレストランバーは，クルージングの雰
囲気をコンセプトとして造られた。

船をイメージしてデザインされた地上2階建ての建築
は1階には入り口がなく，池の脇にあるタラップ状の階
段を2階へと登り，桟橋のように長いアプローチを通っ
て入り口へとたどりつく。キャビンを意図した1階客席
にはキャンバス張りのキャノピーが吊り下げられ，ガラ
スやパンチングメタル，コンクリートなどで外部と二重に
区切られているために外界と切り離された空間となって
いるが，風にそよぐ草木や，水面のきらめきを感じること
ができるように内部に庭やテラスが配されている。

人々が日常生活の喧噪から離れ，自分の時間を取り
戻すための秘密の隠れ家的存在として，この郊外の奥
まった場所にあるレストランバーは絶好のシチュエーシ
ョンを提供してくれる。

1. 北側より見た正面外観。入り口は2階にある
North side view from the street

BUONA SERA

Cruising takes you out of everyday life and
gives you a touch of exoticism. This restau-
rant in Handa in a suburb of Nagoya is aimed
at conveying the atmosphere of cruising to
its customers.

There is no entrance on the first floor of this
2-story building, which was designed based
upon an image of a ship. To enter the restau-
rant, you have to walk up a gangway-like
staircase beside a pond to the second floor
and then along a long pier-like passage to
the entrance. The seating area in the cabin-
like first floor has a canvas canopy hung
over it. Although it is doubly separated from
the outside by glass, punching metal and
concrete, a garden and a terrace are pro-
vided to enable the customers to feel the
rustling of leaves and the sparkling surface
of water.

This restaurant in a secluded part of the
suburb offers you a secret home from home
where you can escape from hectic daily life
and retrieve your time.

設計／道家秀男建築設計事務所　道家秀男　鵜飼元久
協力／構造　崎元建築設計事務所
設備　藤原設備設計事務所　ESA設備設計事務所
施工／まるひ建設

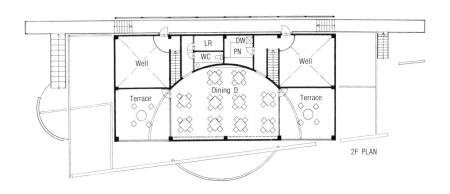

2F PLAN

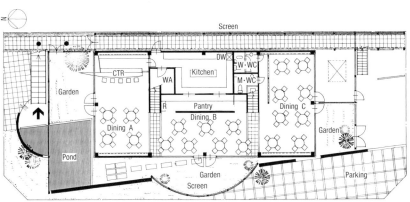

BUONA SERA 1F PLAN 1:350

2. H形鋼の梁を露出した2階客席D　Dining D of the second floor

3. テント地張りのキャノピーを持つ1階客席A　Dining A of the first floor

1

設計／江場建築デザインハウス　江場文男
施工／平和産業

"龍" が天井に浮かぶレストランバー

スパム

愛知県名古屋市中区栄 4 丁目15-15　アートビル地下 1 階

Restaurant & Bar SPAM

Sakae Naka-ku Nagoya, Designer Fumio Eba

1. エントランスホールより奥へ至るアプローチ通路
View of the entrance hall
2. 客席上部に吊り下げられたドラゴンの照明オブジェ
The floating dragon of the dining area

3

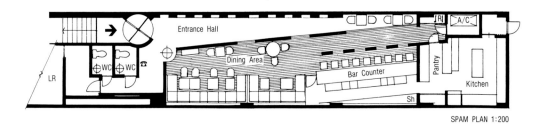

Entrance Hall

Dining Area

Bar Counter

Pantry

Kitchen

LR WC WC

Sh

SPAM PLAN 1:200

●細長いアプローチ通路による機能的解決

名古屋の中心繁華街・栄からすこし離れたビル地下にできたこのレストランバーは、間口4.5m、奥行き24mという細長いフロア形状を、いかに機能的かつデザイン的にまとめるかが最大の問題であった。

そのために、入り口から店内奥へと続く長いアプローチ通路が設けられ、客席との間をコンクリートのスクリーンが仕切っている。スクリーンは途中にスリットがあけられ、内部客席がわずかに見えることにより、来客は次に展開するシーンを予見することができる。また、このアプローチ空間には、縦に細く割られた竹が壁と天井に差し渡され、ライトアップされることにより陰影を映し出して、長い通路の単調さに変化を付けている。

内部客席を特徴づけているのは、照明を内部に組み込んだメッシュ製の巨大な龍が天井から吊り下げられ

ていることで、アプローチ空間のスクリーンごしに延びてくる竹と相まって、この店に中国的な異国情緒をもたらしている。

3. カウンター席を通して中央客席方向を見る
The view of the bar counter

SPAM

This restaurant in the basement of a building slightly off Sakae, the busiest district in Nagoya, is 4.5m wide and 24m deep. It was the task of the designer to make the best of this narrow and deep space from functional

and aesthetic points of view.

To this end, a long passage is provided from the entrance to the back part of the space. It is separated from the seating area by a concrete wall with slits, through which you can catch a glimps inside the restaurant in anticipation of what is waiting there. This passage is festooned with bamboos split thin lengthways and hung over it. They are illuminated so that their shadows give interest to the otherwise monotonous long passageway.

In the seating area, there is a huge dragon of meshes with a built-in lamp hanging from the ceiling. This, together with the bamboos over the passage, adds an exotic Chinese flavor to the place.

イルーズ

愛知県名古屋市中区栄4丁目5-8 エアリ9階

Restaurant & Bar ILUZ

Sakae Naka-ku Nagoya
Designer Tamotsu Hasegawa

設計／有建築設計事務所　長谷川　有　迫田知明
設計協力／オブジェ制作　パートナーズ　久野利博
施工／エルゴデザイン　野崎裕司

1. EVホールより見た入り口まわり　View from the ELV hall to the entry

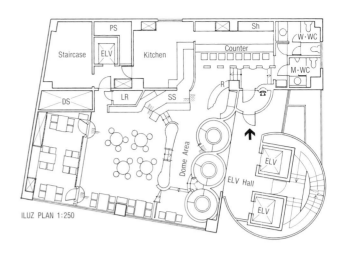

ILUZ PLAN 1:250

1

●原始のリズムが聞こえてくる空間

名古屋の歓楽街・栄にあるレストランビル9階を占めるこのレストランバーは，日常生活から遠く離れたイリュージョンの世界をデザインのコンセプトとしている。

エレベーターホールに面したエントランス外壁には，無数のガラス板を水平に埋め込んだ3個のドームが半分だけ外部通路に突き出し，来客に非日常的な世界が内部に繰り広げられていることを予感させる。このドームは，しっくいに土塗り用の泥を混ぜたもので，アフリカ原住民の住居のようにも見え，また，日本の縄文時代の土器を思わせるフォルムとテクスチュアを持っている。

この3個のドームは客席側に小さな入り口があり，腰をかがめて入ると，小さな袋にすっぽりと包み込まれたような胎内的感覚を来客に与える。演奏されるモダンジャズを聴きながら，この小空間に座っているとき，原始の人々のリズムが聞こえてくるようなイリュージョンに陥ったとすれば，設計の意図は十分に果たされたことになる。

2. 中央客席よりドームの小部屋を見る
Standing bar counter & dome room

ILUZ

This restaurant-bar on the ninth floor of a restaurant complex in Sakae, an amusement district in Nagoya, was designed upon the theme of a fantasy world.

The outer wall of the entrance facing the elevator hall has three domes on whose surface innumerable glass plates are fixed. These domes half bulge into the hall outside. They are made of the mixture of plaster and loam and look like native mud houses in Africa. They also remind us, in form and texture, of the pottery produced during the Stone Age in Japan.

Inside the bar, there is an entrance to each dome. When you walk stooping inside, you get the feeling of being enveloped in a small bag - as if you were in the mother's womb. If you find yourself in a delusion of listening to primitive rhythms, that's what the designer intends.

D／A （ディー／エー）

大阪府大阪市都島区東野田町2丁目9-7 Ｋ2ビル地下1階

Brasserie D／A

Higashi-noda-cho Miyakojima-ku Osaka, Designer Soichi Mizutani

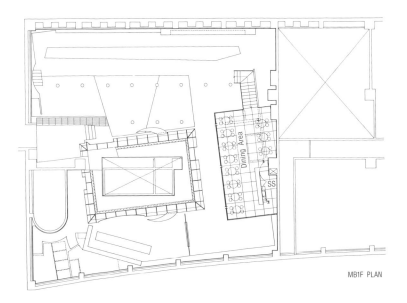

MB1F PLAN

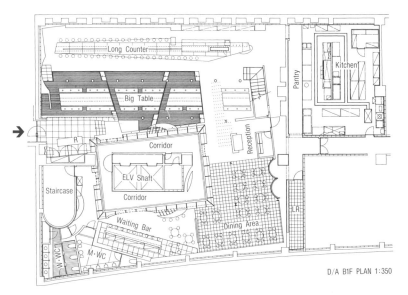

D/A B1F PLAN 1:350

2

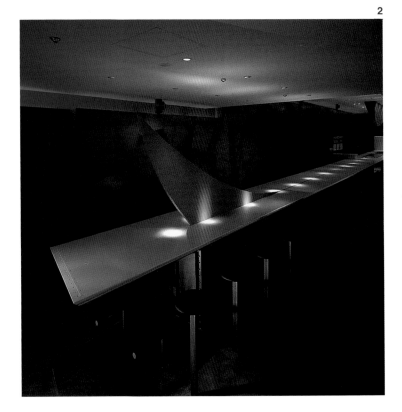

企画／国土建設
設計／水谷壮市デザイン事務所
設計協力／照明　佐藤千鶴子
ロゴタイプ　石浜寿根デザイン事務所　石浜寿根
施工／美留土　曽我部啓治

1. ウエーティングバー　Waiting bar area
2. 長さ19mのロングカウンター　Long counter table

●変換装置としてのドーム空間

店名のD／Aは，Dがデジタルを，Aがアナログを意味
している。この店がある大阪・京橋は，近年，大阪ビ
ジネスパークというハイテク企業の集中したビジネス街
ができ，旧来のガード下を占める立ち飲み屋，居酒屋
などの歓楽街と共存している。このような立地の中で，
昼間はデジタルな環境で働くビジネスマンやOLが，夜
になるとアナログ的な気持ちに切り換え，ほっとできる
場所を作ろうというのが，この店の企画のコンセプトで
あった。

空間的な特徴は，ビルの地下１階を占める店内へ到
るためにはアプローチ階段を下り，ELVコアを取り囲む
かたちに設けられたスチールのドームを通り抜けなけ
れば待合バーへ到達することができないことである。細
長い回廊とブルーの光を持つドームは，デジタルとアナ
ログの変換装置なのである。

ドーム外側のシルバーメタリックの金属板は化粧鋲を
打った仕上げで，客席に座った客は，この巨大なアナロ
グ的マシンデザインを眺めながら，ゆるやかな時間の
流れに身をまかせ，食事や酒を楽しむことができる。

3. ロングカウンター席より見た中央のドーム回廊
   Whole view of the dome corridor

D/A

"D" in the name "D/A" stands for "digital"
and "A" for "analogue". In Kyobashi, Osaka,
where this bar is situated, a new hi-tech
business district called Osaka Business Park
coexists with an old amusement area with a
lot of pubs and standing bars. In this environ-
ment, it is intended to be a relaxing place
where office workers in "digital" surround-
ings can become "analogue" again after a
day's work.

One of the constructive features of the place
is that you have to walk down a stairway and
through a steel dome that surrounds an
elevator core to reach its reception counter.
This dome with a narrow corridor and blue
lighting is meant to be a D/A transformer.

The exterior of the dome is finished with
silver metal plates and decorative rivets. The
sight of this huge "analogue" machine-like
dome makes you sit back and puts you in a
gentle flow of time when you enjoy your food
and drink.

3

シラノ

東京都港区六本木 5 丁目16-47 ハウス5302地下 1 階

Brasserie CYRANO

Roppongi Minato-ku Tokyo
Designer Satoru Mishima

設計／浜野商品研究所　三島サトル
協力／厨房　ツカモト・アンド・アソーシエイツ　塚本貞省
　　　ユニフォーム　メルローズ　ラ・ブレア　伊東浩史
施工／イシマル

●フェミニンな色と形を浮かび上がらせる

ビアホールといえば，ドイツの武骨な木組み空間のよう
に男性的で素朴なつくりをイメージしてしまう。しかし，
東京・六本木にできたこのブラッセリーは，オシャレな30
歳代を対象としているだけに，従来とは違った女性的
でユニセックスに近い空間が指向された。
土，花，女性などから連想される色香，グラマラスなど
のキーワードをもとに，抽象的であいまいな線や形が，
それぞれのエレメントとオーバーラップし，光の中で浮
かびあがってくる。それは壁面ミラーで増幅された，上
部が逆円錐形の列柱であり，カウンターバック上部の
巨大な花状オブジェである。
色彩も濃いピンクを基調に赤やベージュ，白が配されて
フェミニンな雰囲気が漂い，非日常的でリラックスでき
る場が創りだされている。

1. レジわきより見たメーンの客席A全景
Whole view of the dining A

CYRANO
We stereotype beer halls as being masculine
and simple like German timberwork. This
brasserie in Roppongi, Tokyo, however, has
a unisex, or rather feminine, atmosphere to
allure fashionables in their 30's.
Based upon such key words as fragrance,
charms and voluptuousness, which we asso-
ciate with earth, flowers and women, etc.,
abstract and ambiguous lines and shapes
are arranged to overlap one another and
stand out in light. They are a row of columns
with an inverted cone on top, a huge flower-
like art object hung high behind the counter
and the reflections of all these in a wall
mirror. Dark pink complemented by red,
beige and white creates a surreal yet relax-
ing feminine aura.

1

2. 花のオブジェを背後に持つカウンター席
Detail of the bar counter

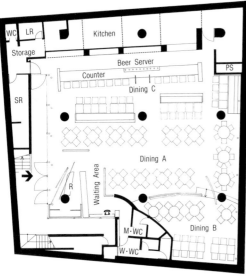

CYRANO PLAN 1:300

フォルム

東京都新宿区下落合1丁目1-1 誠和ビル2階

Brasserie FORM

Shimo-Ochiai Shinjuku-ku Tokyo, Designer Hirokazu Matsunaga

設計／シーディー　松永大和　下総美香　協力／グラフィック　稲吉デザイン企画室　壁画制作　谷口広樹
施工／建築　温海　内装　松井工芸建築

1. 企業のシンボルである蓮の花をテーマとした大テーブル席の壁画
   Wall painting of the big table area

1

2

●東洋的な雰囲気を醸し出す "蓮の花"
染色材料を扱う企業が，自社ビルをリニューアルする
に際して，CI計画の一環としてその2階部分を新たに
ビアレストランとしてオープンさせたものである。
店内はホール席，大テーブル席，ソファ席，テラス席
の四つに分かれ，それぞれが違った雰囲気を楽しめる
ようになっている。その手法としては，床，壁，天井な
どの構造体には表情を持たせないで，真鍮スクリーン，
壁画，布などの要素を点在させ，それぞれが主張をし
ながら共存するという表現の仕方がとられている。
特に壁画は，気鋭のイラストレーター・谷口広樹の手に
なるもので，経営企業のCIに使われている "蓮の花"
をモチーフにしており，東洋的な美の世界を空間に現
出させている。このビルのある東京・高田馬場は，早稲
田大学のある学生街であり，このような洒落たビアレス

トランがほとんどないせいか，周囲の企業につとめるビ
ジネスマンやOLが集まる場所となっている。

2. パントリー側より見たホール客席
   View of the hall area
3. レジ側から見たソファ席。壁画制作は谷口広樹
   View of the sofa area

FORM
This beer restaurant was opened on the
second floor of the building of a dyestuff
company as part of their CI project when
they renovated the building.
The floor is divided into four zones: a hall, a
big table zone, a sofa zone and a terrace,

each with a different atmosphere for you to
enjoy. To differentiate these areas from one
another, the floor, walls and ceiling were left
plain and sprinkled with a brass screen, a
mural, pieces of cloth, etc., which have thier
own distinctive character.
The mural prepared by up-and-coming illus-
trator Hiroki Taniguchi, brings out fascinat-
ing oriental beauty in this place through its
motif of locus flowers, which are also adopt-
ed in the company's CI project.
Takadanobaba, where this building is locat-
ed, is a students' quarter with Waseda Uni-
versity and has very few sophisticated
places like this, which partly explains its
popularity among office workers in the vicin-
ity.

3

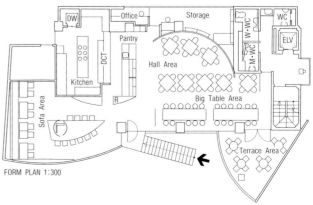

FORM PLAN 1:300

飲食空間を"ハレ"の場ととらえた居酒屋

マドモアゼル 長堀橋店

大阪府大阪市中央区南船場2丁目7-14 大阪写眞会館地下1階

Pub MADEMOISELLE

Minami-senba Chuo-ku Osaka
Designer Kazuhiro Gohda

設計／合田デザイン事務所
　　　合田和博　橋本健二
施工／ジョータ

●花見の宴を表現したアルミの花びら

日本には"ハレ"と"ケ"という言葉がある。"ケ"というのは日常的な生活の場であり，"ハレ"とは，祭りや結婚式などの非日常的でフォーマルな場を指す。この居酒屋は，企業で働くビジネスマンがオフィスで過ごす時間を"ケ"ととらえ，仕事を終えて酒を呑む行為を"ハレ"と考えて，その"ハレ"の場を再現しようというのが企画のコンセプトであった。

壁面と天井に舞う三角形の湾曲したアルミプレートは，花見の宴で散りゆく花びらをイメージし，それを抽象的に表現したものであり，黒色に塗られた柱と梁の架構は祭りのおみこしを表している。また，色彩も日本の祭りで使われる伝統的な色を使い，酒宴の場としての賑わいを演出している。

大阪・心斎橋のはずれのオフィス街にあるビル地下1階を占めるこの居酒屋には，夜になると幅広い年齢層のビジネスマンやOLたちが集まり，夜9時になると始まるカラオケタイムを利用し，宴の場が繰り広げられる。

1. アルミの花びらが天井と壁を舞う客席C
Left corner of the dining C

MADEMOISELLE

In Japanese there is an interesting pair of words, "hare" and "ke". "Ke" refers to daily life and "hare" formal occasions such as festivals and weddings. This izakaya, or a kind of popular drinking place which also serves food, is aimed at offering office workers a "hare" place in the sense that hours spent in offices are "ke" and drinking after a day's work is "hare."

Warped aluminium plates scattered over the walls and ceilings abstractly represent falling cherry blossoms we admire at blossom-viewing parties. Similarly, black pillars and beams represent a portable shrine at festivals. Typical colors of traditional festivals are employed to add to the bustle of a banquet.

This izakaya pub in the first basement of a building in a business zone off Shinsaibashi, Osaka, lures office workers in a variety of age groups. The place is animated with karaoke after 9 p.m.

1

2

2. 客席Cの右奥コーナー
Right corner of the dining C

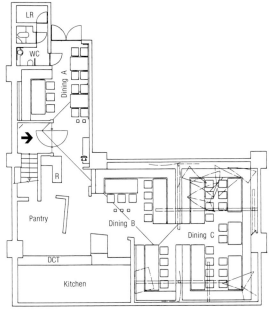

MADEMOISELLE PLAN 1:200

アイガイ

大阪府大阪市西区新町1丁目25-3 エステートビル1階

Seafood bar AIGAI

Shin-machi Nishi-ku Osaka, Designer Seimi Yamamoto

企画／目玉企画　神藤徳政
設計／CAD　山本成美
協力／イス・壁面アートペインティング　アミューズSP
グラフィック　ビセ　谷口広樹
施工／豊工務店

1. 入り口左側のソファ席ディテール
Detail of the sofa seats

●海底宮殿を守るタコやオーム貝の衛兵

大阪・ミナミのはずれにある新町は，以前は料亭などの
あった粋な遊び場であったが，近年は中小のオフィスが
林立する中途半端な地域である。そのため，このダイニ
ングバーは，昼間は付近のビジネスマンを対象とした
海鮮レストラン，夜間はフードバー，さらに深夜はミナミ
の繁華街からの流れ客を狙ったナイトクラブという三つ
の業態を組み合わせ，集客を図っている。

インテリアデザインは，料理がシーフードを主体にして
いることから，海底をイメージした深みのある色彩でま
とめられ，タコやアンモナイト，オーム貝のフォルムを表
現したファニチュア類が配されている。店名のアイガイ
はギリシャ語で海神の住む宮殿を意味しており，この宮
殿を守るのがこのタコやオーム貝の衛兵というわけで
ある。

企画の狙いとは別に，やはり売り上げの中心は夜間
で，来客は25歳前後のOL，ビジネスマンを中心に女性
が60％を占めている。

2. トイレ側より見た客席全景
Whole view from the lavatory

AIGAI

Shinmachi off Minami, Osaka, was formerly
a smart amusement district with fancy
Japanese-style restaurants. But with the
recent mushrooming of small and middle-
sized business offices it has lost some of its
charm and become fuzzy in character. In
order to secure a good customer turnout in
this situation, this dining bar has been given
three different faces: a seafood restaurant
for office workers in the vicinity during the
day, dining bar in the evening and nightclub
late at night for bar hoppers from the amuse-
ment center of Minami.

Since the bar features seafood, the interior
was painted in dark colors reminiscent of the
bottom of the sea. Its furniture takes the
forms of an octopus, an ammonite and a
nautilus. The name "Aigai" refers to
Poseidon's court in Greek. The pieces of
furniture are, therefore, meant to be
Poseidon's guards.

As is usual with a bar, the greatest profit
comes from night hours. Women, especially
office workers aged around 25, make for
60 % of its clientele.

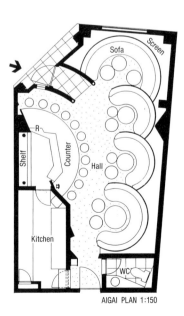

AIGAI PLAN 1:150

2

新撰組 中河原店

東京都府中市住吉町2丁目1-1 京王線中河原駅高架下

Japanese Pub SHINSENGUMI Nakagawara

Sumiyoshi-cho Fuchu-shi Tokyo, Designer Hideki Watanabe

設計／ワタナベデザインスタジオ　施工／竹内工務店

1. 入り口左側に配された大テーブル席　**View of the big table area**
2. 入り口通路と大テーブル席を分けるレールのスクリーン　**Detail of the rail screen**

1

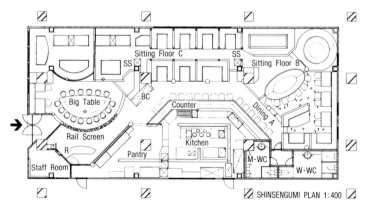

SHINSENGUMI PLAN 1:400

2

●高架下にふさわしいレール製のスクリーン
日本の都市部では地価が高いため，電車の線路を高架にし，下部の空間を他の用途に使うことがしばしば行われる。東京の郊外にできたこの居酒屋は，私鉄の駅の端にできた高架下空間を利用したものだが，周囲に店舗らしきものが全然ないといった不利な立地条件であった。

このため，美味な料理を安く，しかもサービス良く提供するだけでなく，店のデザインも従来のものより少しリッチっぽい造りにすることが要求された。具体的な方法としては，檜材や電柱，板座敷の古材や大理石のテーブル，銀色に輝くコルゲートパイプなどの本物の素材が導入され，空間全体の広さ，流れ，楽しさと相まって，時間の経過とともに味や雰囲気が出てくるように計画された。

とくに，電車の高架下であることから電鉄会社より安く入手したという，本物のレールを流用した入り口わきのスクリーンは，重量感と鉄の色で店内に楽しさと意外性を加味している。

3. 左奥コーナーの客席Bより客席C方向を見る
View from the dining B to the dining C

SHINSENGUMI
Land prices are the highest in the world in Japan's major cities. Therefore railways are often elevated to make space for other purposes. This izakaya pub at the edge of a private railway station in a suburb of Tokyo is an example of this practice. It is, however, unfavorably located with no shops at all in the neighborhood.

To overcome this, it had to be designed to look more luxurious than the usual kind in addition to serving good food with good service. Specifically, genuine materials such as Japanese cypress wood, electric light poles, old wood flooring, marble tables and silver corrugated steel pipes were employed. These materials acquire taste with age and complement the roominess and liveliness of the place itself. In particular, a screen at the side of the entrance, which consists of real rails obtained from the railway company at a low price, adds pleasant unexpectedness to the pub with its weightiness and reddish-black glisten.

3

五衛

福岡県福岡市中央区薬院1丁目11-14 ノアーズアーク福岡薬院1階

Japanese Pub GOEI

Yakuin Chuoh-ku Fukuoka
Designer Yoshihiko Yoshiura

設計／バウハウス　吉浦嘉彦
施工／仲原製作所

1. 入り口より下見板張りの中央通路を通して櫓方向を見る
   View from the entry to the yagura tower
2. 店内奥の櫓より階段状の桟敷客席全景を見る
   Whole view from the yagura tower

1

2

Japanese Pub GOEI

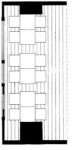

2F PLAN

GOEI 1F PLAN 1:150

3

●立体的構成によるパースペクティブな演出
九州の中心・福岡は魚などの食べ物が美味であること
で知られており，この居酒屋も，対馬海峡に面した玄界
灘でとれる新鮮な魚などによる鍋料理と日本酒が売り
物である。
この店のデザイン的な特徴は，和風の意匠を巧みに取
り入れた立体的な空間構成になっていることで，そのた
めに櫓と桟敷の構造が取り入れられている。正面中央
に設けられた入り口から細長い下見板張りの階段状
通路を進んだ突き当たりが櫓で，四角いグリッドにより
構成され，油引き和紙を素材とした照明オブジェとサー
ビスカウンターを兼ねている。
階段状の客席は桟敷のスタイルで，視線を妨げない低
い竹のスクリーンで仕切られており，入り口側に面した
部分が2階の高さとなっている。このような構造の結
果，空間全体がパースペクティブな効果を持つだけで
なく，通路を移動することによりアイレベルに変化をもた
らし，変化に富んだ情景を創出することに成功してい
る。

3. 桟敷客席最上部より櫓方向を見る
View from the second floor

GOEI

Fukuoka is the largest city in Kyushu and
known for its delicious food, especially sea-
food. This izakaya pub features sake, or rice
wine, and hot pot cuisine with fresh fish from
the nearby Genkai Sea facing the Korean
Straits.
The design of the pub is characterized by its
cubic structure ingeniously incorporating
Japanese elements such as a yagura, or
tower, and gallery-like tiers. The tower
stands at the end of a narrow skip-floored
passage with wood siding from the facade.
Finished with grids and oiled Japanese
paper, it has a dual function of a service
counter and lighting art object.
The seating area consists of several tiers
different in hight. They are partitioned by
bamboo screens low enough not to cut out
the view. The highest level, which is the
closest to the facade, is 2-story high. This
structure not only brings about a three-
dimentional effect but also gives you a
delightful change of scene when you move
from one level to another.

ドーモ 三宮店

兵庫県神戸市中央区北長狭通2丁目5-1

設計／アドスペースインターナショナル　本田正樹
協力／壁画　江原美紀　オブジェ　山本工房
施工／田川工芸　青木潤治

Japanese Pub DOMO Sannomiya

Kitanagasa-dori Chuoh-ku Kobe, Designer Masaki Honda

1. 入り口と客席をむすぶ太鼓橋。歌舞伎の舞台をイメージさせる
View from the dining B to the upcaved bridge

1

Japanese Pub DOMO Sannomiya
Kitanagasa-dori Chuoh-ku Kobe, Designer Masaki Honda

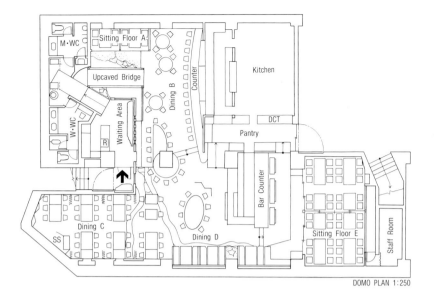

DOMO PLAN 1:250

3

2

● 2万個のシルバーに輝く桜の花びら

日本人は花見が好きである。花見といえば桜で，春に
パッと咲き，パッと散る，そのはかなさが国民性に合って
いるのかもしれない。神戸・三宮の寿司屋さんの地下
1階にできたこの居酒屋は，若者向きに一年中お花見
を楽しませようというコンセプトで企画された。

店内は寺の境内という設定で，入り口には池の上に太
鼓橋が架けられ，それを渡ると桜吹雪の壁画が待ち受
けている。さらに金色に塗られたシダレ桜の大木からは
2万個のシルバーに輝く人工の花びらパーツが吊り下
げられ，空調の吹き出しの風でゆらぐ有様は幻想の世
界における夜桜の一シーンをイメージさせる。

全体の造作は，歌舞伎の舞台を思わせる書き割りの手法で構成されており，抽象化され，デフォルメされた日本の伝統的な世界が地下空間に繰り広げられている。この店は寿司屋が経営するチェーン店の第2号店で，劇場的なパフォーマンスの場を提供することを基本にしており，目立ちたがりやの現代の若者にとって格好の舞台を提供している。

2. 壁面に桜吹雪の描かれた奥の座敷席E
   View of the Sitting floor E
3. シルバーの花びらパーツが舞う客席D
   View of the dining D

DOMO
The Japanese love to see cherry blossoms at hanami, or blossom-viewing parties in the spring. Perhaps they find congenial the ephemeral beauty with which the blossoms come out and scatter. This pub in the first basement of a sushi shop in Sannomiya, Kobe, is aimed at providing young people with a place where they can enjoy hanami all year round.

The place was designed to look like the precinct of a temple. It has a pond near the entrance. Over the pond is an arched bridge, across which a mural of a hail of cherry blossoms awaits you. Moreover, 20,000 silver-shining artificial petals are hanging from a big golden weeping cherry tree, rustling in a wind from an air-conditioner - a surrealistic scene indeed.

Overall, the fittings are organized to function like a backdrop in a kabuki theater. They fill this underground space with traditional Japanese scenes in an abstract and exaggerated form. This theatrical pub is the second in a chain run by the sushi shop and sets the perfect stage for merrymaking for the boisterous young.

1

設計／吉本デザイン事務所　吉本繁樹　大野成美
協力／照明・設計　二瓶マサオ　設備計画　川口洋輔
施工／野出

居酒屋と懐石料理の中間を目指した和食店

蔵（くら）

東京都武蔵野市吉祥寺本町２丁目８-４　コスモス吉祥寺ビル４階

Japanese Pub KURA

Kichijoji-honcho Musashino-shi Tokyo，Designer Shigeki Yoshimoto

1. 入り口より見た座敷席B。手前はカウンター席
View from the entry
2. 奥の座敷席Aを俯瞰する
Bird's-eye view of the sitting floor A

●コンクリートに囲まれた和風空間

和風空間の基本は木造であるが，都市においては，ビル化と内装制限によって木質空間を造ることが近年は難しくなってきた。RC造の建築内部に，いかに新しい和風空間を創出するかが伝統的なデザインにとって重要な時代になってきたといえる。

RC造4階建て商業ビルの最上階を占めるこの居酒屋は，高さ7mの傾斜した天井を利用し，コンクリート構造体を露出したままにして，その素材感を日本的な空間感覚に転じさせようと試みている。コンクリートのハードな質感を柔げるために，カウンター形式のベンチ席に囲まれた座敷席には畳が敷かれ，ベンチ席と畳席に座った客同士がカウンターをはさんで酒を酌み交わす。これもデザインから生まれた新しい酒の飲みかたといえるだろう。

また，高い天井高を利用して，無数の古いスタイルの電灯がランダムに吊り下げられ，ぼんやりとした光の輪舞が，いかにも日本的な雰囲気を醸成するとともに，空間のアクセントとして有効に働いている。

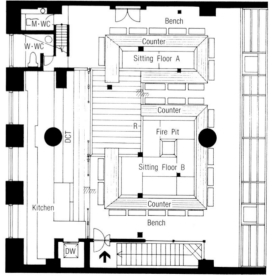

KURA PLAN 1:200

3. 座敷席Bを通して座敷席A方向を見る
Whole view from the sitting floor B

KURA

Wood is the most basic element in the Japanese interior. Recently, however, it is becoming increasingly difficult to create a wooden space in urban areas due to modernization of buildings and legal restrictions on interiors. It is now time to seek ways to make the traditional design compatible with concrete architectures.

This izakaya pub on the top floor of a 4-story commercial building takes advantage of its 7m-high slanting ceiling and tries to convert the taste of the bare concrete structure to that of a traditional Japanese space. To take the edge off the harshness of the concrete, a Japanese-style tatami-matted zone is provided, which is surrounded by a counter with benches. Customers on the tatami and on the benches exchange cups face to face across this counter. This is a new style of drinking born from a new design.

There are a countless number of old-fashioned lamps hung from the high ceiling. A dance of dim lights creates a distinctly Japanese air and effectively adds interest to the place.

BARS & NIGHTCLUBS

巨大な蛇龍がカウンターとなったショットバー

ウロボロス

愛知県名古屋市東区泉１丁目23-1 ボイスビル６階

Bar OUROBOROS

Izumi Higashi-ku Nagoya
Designer Katsuhiko Hibino

企画／中村　実　高藤芳明
設計／日比野克彦
設計協力／鈴木悟司　高藤芳明
施工／鈴木建設

1. 入り口左側の立ち飲みカウンター
　　Standing bar counter
2. 蛇龍をイメージしたオブジェカウンター
　　Art object counter

1

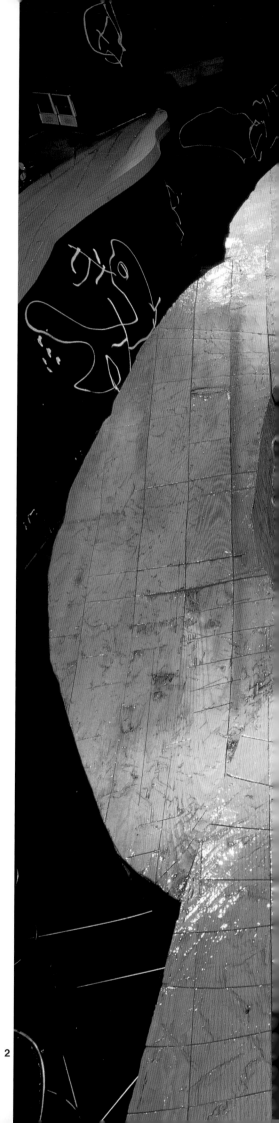

2

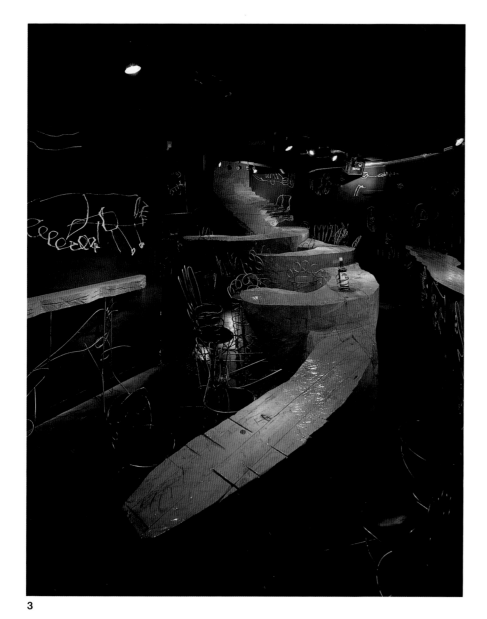

3

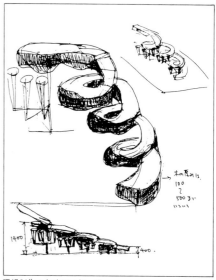

現場制作のためのスケッチ

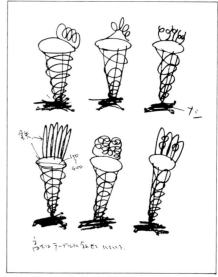

スツールのバリエーションのためのスケッチ

●オブジェと空間が融合した遊びの場所

彫刻家などのアーチストが，店舗のアクセントとなる装飾やアートオブジェを手掛けることはあっても，設計全体を担当することは珍しい。名古屋のレストランビル6階にできたこのバーは，そのまれな例である。

設計者である日比野克彦は新進のアーチストで，テレビのCFやカセットテープのパッケージなど，アートの範囲を超えた幅広い活躍をしている。この店をデザインするに際してのコンセプトは，アートオブジェと空間の融合であり，その中で人が遊べ，新しい楽しみを発見できる場所ということで，テーマとして伝説の蛇龍・ウロボロスが選ばれた。

全体で112㎡の店内には，巨大な米松材の蛇龍がとぐろを巻きながら横たわり，それをカウンターがわりに酒を飲む。バースツールは鉄筋と鉄板を組み合わせた曲がりくねったフォルムを持ち，一つずつ形が違う。内部壁面はグラインダーによりグラフィックアートが彫り込まれている。早い時間にはビジネスマンが，深夜には他店から流れてくる遊び客がアートに囲まれた空間を楽しみながら酒を飲む。

3. 入り口側から見た全景
Whole view from the entry

OUROBOROS

Designing a commercial establishment sometimes involves an artist, who usually takes care of decorations and art objects and is rarely in charge of the whole design. This bar on the sixth floor of a restaurant complex in Nagoya is a rare example.

The designer of the bar, Katsuhiko Hibino, is a promising artist who reaches across the boundaries of fine art into such realms as commercial films and cassette tape package designing. He wanted this bar to be a place where an art object and space merge and people can find a new way of enjoying themselves. He chose the legendary ouroboros as the theme.

On the 112㎡ floor, there is an ouroboros made of Douglas fir coiling itself up and it functions as a counter. The stools, each with a different form, are curvy and made of reinforcing bars and iron plates. The inner walls have graphic arts carved on them with a grinder.

This artistic place entices business people in early hours and bar hoppers late at night.

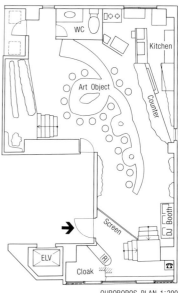

OUROBOROS PLAN 1:200

企画／モノリス
コンセプトディベロップメント／H.R.ギーガー
スペースディレクション／馬場建築設計事務所
設計協力／照明計画　稲葉　裕
施工／建築　小山内建設　内装　平林デザイン

バイオテック・イメージをテーマとしたバー

ギーガー・バー

東京都港区白金台 5 丁目 10-15

GIGER BAR

Shiroganedai Minato-ku Tokyo, Designer H.R.Giger＋Yuzo Baba

1. 異様な世界を予兆させる入り口まわり外観
Facade of the northwest side

●不気味でエロチックなギーガーの世界

H.R.ギーガーは，映画・エイリアンシリーズのイメージ
コンセプター＆アートディレクターとして世界的に知ら
れた存在であり，日本でも彼の作品画集が発売され，
好評を博した。彼のバイオテック・イメージに裏打ちされ
た重工業的なマシンへの偏愛と，機械と有機的に結合
した肉体のエロチックで破滅的なイメージは強烈なイン
パクトを持っている。

東京・目黒の不便で，さびしい場所に建てられたこの
バーは，ギーガーの世界をテーマとして企画されたもの
であり，トンネルを抜けると忽然と出現する龍の尾を思
わせる異様な外観は異次元の世界への入り口にふさ
わしい。

建築面積171㎡，3階建ての内部はスキップフロアとな
って6層に分かれ，中央に吹き抜けを持つ。周囲を客
席で取り囲まれた吹き抜けは1階から屋上までの高さ
があり，背骨をイメージさせるFRP製の柱と，舌を突き
出した巨大で不気味な顔面の連続する壁で覆われて
おり，この店内に一歩，足を踏み込んだ客は否応なくギ
ーガーの強烈な世界に引き込まれてしまうのである。

2. 頭蓋骨をあしらった2階カウンター席
   Bar counter of the second floor
3. 吹き抜けに面した1階客席A
   Dining A of the first floor

GIGER BAR

H. R. Giger is world-famous as the image creator and art director of the "Alien" series. A collection of his works published in Japan has got quite a good reception. His biotech fetishism for heavy industrial machines and the erotic and deconstructive images of an organic body-machine interface are overwhelming.

This bar inconveniently located in a lonely place in Meguro, Tokyo, was designed upon the theme of Giger's world. The bizarre exterior reminiscent of a dragon's tail, which

2

appears abruptly before you when you emerge out of a tunnel, is a perfect entrance to another world.

The 3-story building with a building area of 171㎡ adopts a 6-level skip floor style with a wellhole at the center. Rising from the first

floor to the rooftop and surrounded by seats, it is protected by spine-like columns made of fiber reinforced plastics and walls covered with many grotesque faces with tongues stuck out. A step inside, you'll be swallowed by Giger's overpowering world.

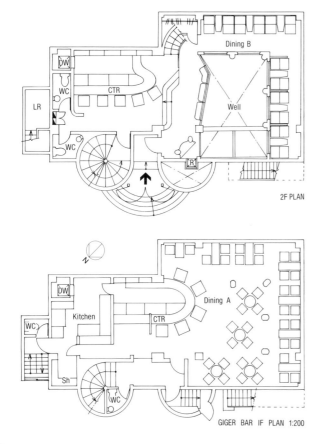

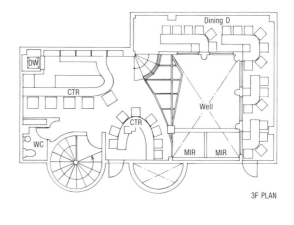

2F PLAN

3F PLAN

GIGER BAR IF PLAN 1:200

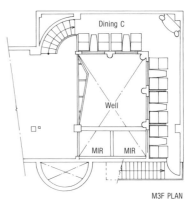

M3F PLAN

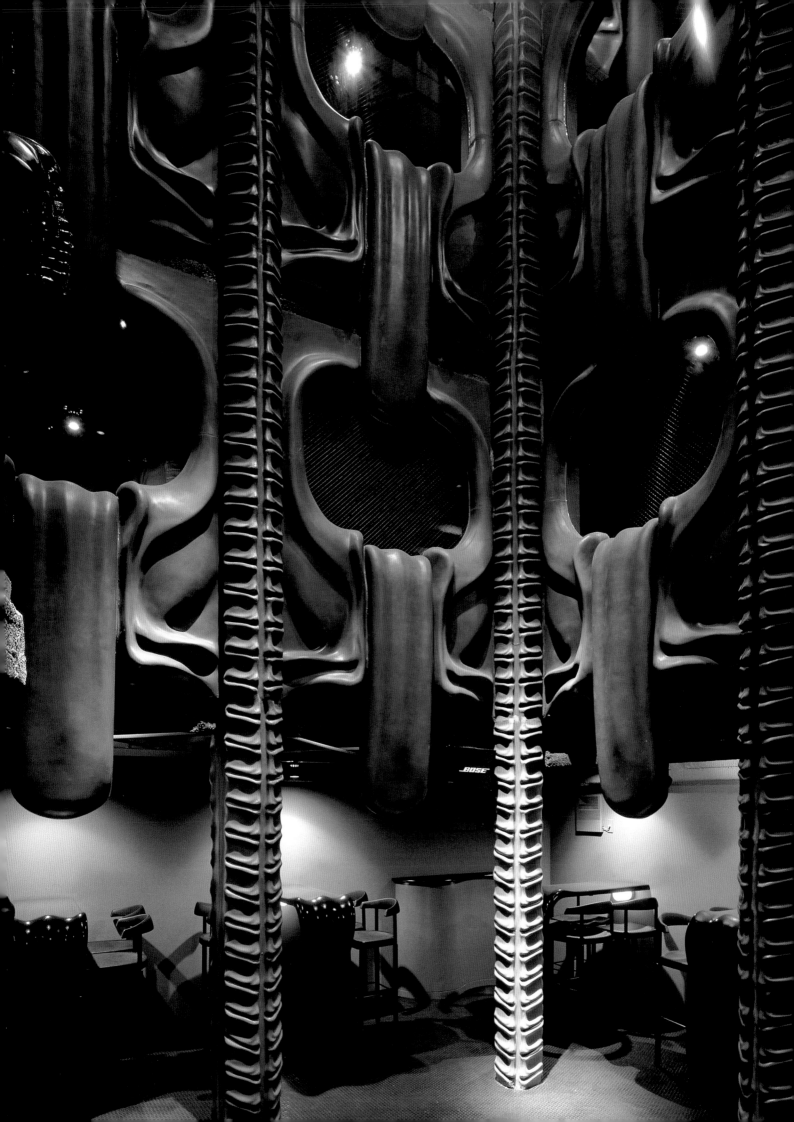

1

水に浮かぶ"隠れ家"としての地下のバー

ラ コスタ D'

東京都世田谷区経堂5丁目32-11 経堂ダイヤビル地下1階

Bar LA COSTA D'

Kyodo Setagaya-ku Tokyo
Designer Yasuo Kondo

設計／近藤康夫デザイン事務所
　　　近藤康夫　松山邦弘　水野　勝　甲嶋淳子
協力／照明　海藤春樹　グラフィック　井川　啓デザイン室
施工／美留土

1. 池に面した東屋風の客席Bを背後より見る
   View of the Dining B
2. ステージから見たプール状の浅い池
   View from the stage to the pond

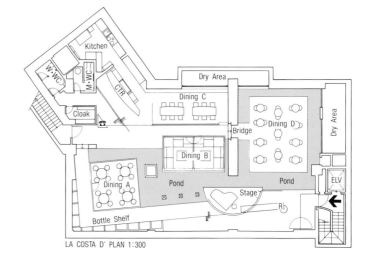

LA COSTA D' PLAN 1:300

●人工的素材による"超人工的自然"
住宅地にあるビルの地下に100㎡の池を持つ大空間があるとは誰も思わないだろう。東京・経堂にできたこのバーは，都市における隠れ家的な意外性をベースに成り立っている。

階段を降り，扉を開けると，タイル貼りの浅い池が眼前に広がり，池に沿って長い通路を進むとスリガラスの屋根と天井を持つ東屋風の小屋が現れる。さらに奥へ進んでコーナーを二つ曲がり，ブリッジを渡ると，水に浮かんでいるように見える人工芝貼りの広い客席に達する。ここからは，池越しに入り口とピアノのあるステージが見える。

つまり，この回遊式日本庭園を模した店内は地下ではなく，広々とした屋外の自然をイメージしたものなのである。しかし，単に自然を再現したというよりは，タイルやガラスなどの人工的な素材を使った"超人工的自然"と呼ぶにふさわしいデザインである。都会の喧騒を離れ，滝から流れ落ちる水音を聞きながら非日常的な別世界の空間で飲む酒は旨いにちがいない。

3. 壁面から滝が流れおちる客席D
   View of the dining D from the dry area
4. ブリッジから池に浮かんだ客席D方向をみる
   View of the dining D from the bridge

LA COSTA D'
A huge space with a 100㎡ pond is perhaps the last thing one expects in the basement of this building in a residential district. This bar in Kyodo, Tokyo, was created as a hideaway in a city.
When you walk down a stairway and open the front door, there comes into view a shallow tiled pond lying before you. Along the pond, you will go down a long passage to an arbor-like hut with a roof and a ceiling made of frosted glass. Going on further and turning two corners, you will arrive at a bridge, over which you will see a large seating area which is covered with artificial turf and looks as if floating on water. From there you can command a view of the entrance and a piano stage over the pond.
In a word, this bar modeled after a go-around landscape garden is an attempt to re-create the vastness of nature in a basement. It is, however, not so much a mere imitation of nature as what might be termed the "super-artificial nature" constructed with artificial materials. A retreat from urban bustle with the sounds of a water fall, it naturally makes your drinks taste like nectar.

アシュリング

東京都港区麻布十番1丁目7-5 フェスタ麻布地下2階

Dining Bar AISLING

Azabu-juban Minato-ku Tokyo
Designer Workshop

プロデュース／電通　ディレクション／電通プロックス
設計／ワークショップ
協力／設備　川口設備研究所　山崎設備設計事務所
　　　構造　池田建築設計事務所
　　　グラフィック　寺門孝之　ユニフォーム他　山名清隆
施工／フジヤ

1

2

●客が主役の舞台をつくる
東京の麻布十番は都心にありながら交通の便が悪く，
エアポケットのような場所である。しかし，この立地が幸
いして昔の東京の雰囲気が残され，穴場的な遊び場と
しての魅力を失わずにいる。このダイニングバーは麻布
十番にできたビルの地下2階にあり，中央の客席が円
形劇場の舞台を思わせる特異な構造を持っている。
階段を降りた地下2階の大きなスチールドアを押して
内部にはいると，地下とは思えない大空間が眼前に広
がる。通路の左手には白い巨大な格子状の壁，右下に
は円形のスクリーンに囲まれた一層分低い客席があ
り，客席の上部は吹き抜けている。この円形客席に座
ると，そこはスリ鉢の底のように周囲の客席から視線が

降りそそぐ舞台にいるような感覚におちいる。
つまり、この空間は客を主役とした舞台であり、互いに
見たり見られたりする関係の中で食事を楽しみ、酒を
飲む場所なのである。そして、金曜日の夜になると、客
席の一部のイスとテーブルが片付けられ、本物のライ
ブステージへと早変わりする。

1. 客席Cより入り口わきの格子壁面方向を見る
   View of the lattice wall & dining A
2. 格子壁面と客席の間から見た中央客席A
   Whole view of the dining A

AISLING
Azabu Juban is at the heart of Tokyo. Never-
theless, due to poor transportation it retains
an air of the Tokyo in the old days. It is a real
find as a place to have fun in. This dining bar
in the second basement of a new building in
Azabu Juban has a peculiar amphitheater-
like structure.
When you push open the large steel front
door at the foot of a stairway, you are
welcomed by an unexpectedly vast space.
On the left-hand side of the entrance, there
is a huge grid wall. Down on the right side
lies a seating area under a wellhole, one

level lower and surrounded by a curved
screen.
Sitting in this round zone reminiscent of the
bottom of a mortar, you get the feeling of
receiving all the attention from the seats that
surround the zone, as if you were on the
stage.
This is a theater and the customers are
actors. They enjoy food and drink in the
reciprocal relationship of seeing and being
seen. On Friday nights, some of the tables
and seats are put away and the place
becomes a real live stage.

3. 奥客席Cの鉛貼り壁面 Lead wall of the dining C

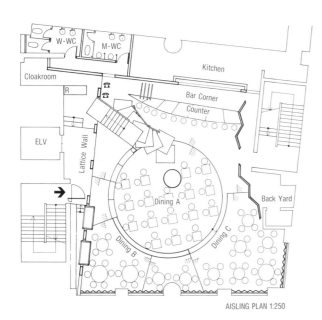

AISLING PLAN 1:250

白木の魅力を間接照明により強調したバー

タンギー

大阪府大阪市中央区心斎橋２丁目1-18 オーパスワン４階

Bar TANGUY

Shinsaibashi Chuo-ku Osaka, Designer Shigemasa Noi

1. カウンターバックの光壁。林の中の木洩れ陽をイメージ
Detail of the lighting shelf

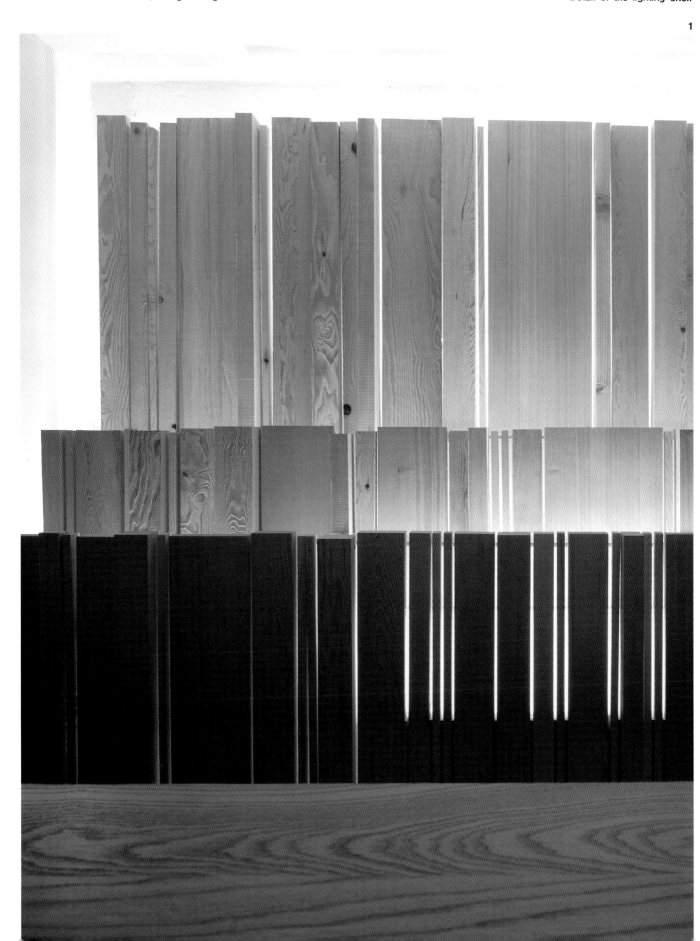

タンギー

Bar TANGUY

Shinsaibashi Chuo-ku Osaka, Designer Shigemasa Noi

白木の魅力を間接照明により強調したバー

Detail of the lighting shelf

●林の中の木洩れ陽をイメージする

日本人は昔から木になじんできた。それも、塗装された
ものではなく、伊勢神宮のように素材感が直接に伝わ
る白木の状態に親しみと美しさを感じてきた。

大阪の中心繁華街・心斎橋にできたこのバーはビルの
4階にあり、わずか48㎡の広さしかない。この小さな空
間を決定づけているのは、白木の状態で置かれたトガ
材とホワイトアッシュ材である。長さ6mのカウンター、
およびベンチシート、テーブルはホワイトアッシュ材であ
り、カウンターバックの間接照明を埋め込んだ棚がトガ
材である。ランダムに並べられたトガ材のスリットからは
光が浮かび上がり、リズミカルで素材感をストレートに
打ち出した手法が木の魅力を十分に引き出した空間を
造り出している。

カウンター席に座った客は、カウンターバック棚からの
光と影、面と線のパターンから、まるで林の中で木洩れ
陽に包まれたような柔らかい光に満ちた自然空間のニュ
アンスを感じとることができる。

2. カウンター上よりバックバーの光壁全景を見る
Whole view of the lighting shelf

TANGUY

The Japanese have long been familiar with
wood. It is plain wood, like the one used in
the Ise Shrine, that they find familiarity and
beauty in.

This bar on the fourth floor of a building in
Shinsaibashi, one of the busiest districts in
Osaka, has a floor of only 48㎡. This small
space is characterized by plain white ash
and Japanese hemlock woods, the former
used in a 6m counter, tables and benches
and the latter in a shelf with a built-in in-
direct light behind the counter. You can see
beams of light coming through the slits of
randomly arranged pieces of Japanese hem-
lock wood. This rhythmical design succeeds
in bringing out the appeal of wood as a
material.

If you sit at the counter, the patterns of light
and shadow, and planes and lines from
behind the counter make you feel as if you
were bathed in a gentle sun in a wood.

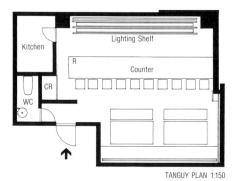

TANGUY PLAN 1:150

イッツ

京都府京都市中京区御幸町錦上ル プールスコート 2 階

Public Bar IT'S

Goko-machi Nakagyo-ku Kyoto
Designer Mitsuhiro Mizutani

設計／クル＋紅露弘司
設計協力／アート　川島慶樹
内装／イマジン

1. 入り口まわり外観 **Entry**
2. ソファ席より見たカウンター席
View of the bar counter

1

2

●自然素材による庭園をイメージした空間
バー空間に天窓があるのは珍しい。天窓からは，時間帯，季節，天候によって違った空が見え，酒を飲みながら外部の自然を何気なく感じることができる。京都・四条通りを一本はいった静かな通りにできたこのバーは，傾斜した高い天井に天窓を持つという条件を，"自然" というテーマに結びつけ，デザインがなされた。
使用されている木，石，鉄，そしてカウンターの窪みに溜められている水などは，すべて自然の素材であり，人工的な材料は使われていない。天窓の下に造られた素材の庭園ともいうべき空間には，森の大木をイメージした木のカウンターが置かれ，石の壁は洞窟を模したものであり，カウンターの窪みに溜められた水は池である。また，中央部分には鉄などを使った巨大なアートオブジェが立ち上がり，バーのシンボルとしての役割を果たしている。
野原で夜空を仰ぎながら酒を飲んでいるような気分になるためか，このバーは当初の予想とは違い，40歳代の客も多く訪れ，落ち着いた雰囲気の会話を楽しめる "大人の場" が形成されつつある。

IT'S

It is unusual for a bar to have a skylight. A skylight, however, gives you different views of the sky depending on the time of day, season and weather. It enables you to feel nature outside. This bar opened in a quiet place set one street back from Shijo-dori, Kyoto, has chosen "nature" as its design theme to make the most of its high ceiling with a skylight.
The materials employed here are all natural : wood, stone, iron and water collected in a hollow in the counter. This is, in fact, a garden of materials : the counter is a large tree in the woods, the walls made of stone are a cave and the water in the depression in the counter is a pond. At the center of this garden stands a huge iron art object, which serves as the symbol of the place.
This bar conveys to its clientele the atmosphere of drinking out in a field under the night sky. This may explain unforeseen customers in their 40's. It is becoming a place where adults can enjoy conversation in a pleasantly sedate setting.

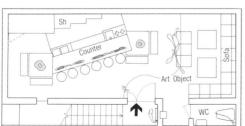

IT'S PLAN 1:150

3. 入り口側から見た巨大なシンボル・オブジェ
Whole view of the art object

オッタゴノ

東京都渋谷区神宮前 3 丁目21-22 月の家 地下 1 階

Bar OTTAGONO

Jingumae Shibuya-ku Tokyo, Designer Takashi Takiuchi

設計／滝内デザイン事務所　滝内高志
施工／スパークス　小松正隆

1. カウンター席よりギャラリースペース方向を見る
View of the gallery space from the counter

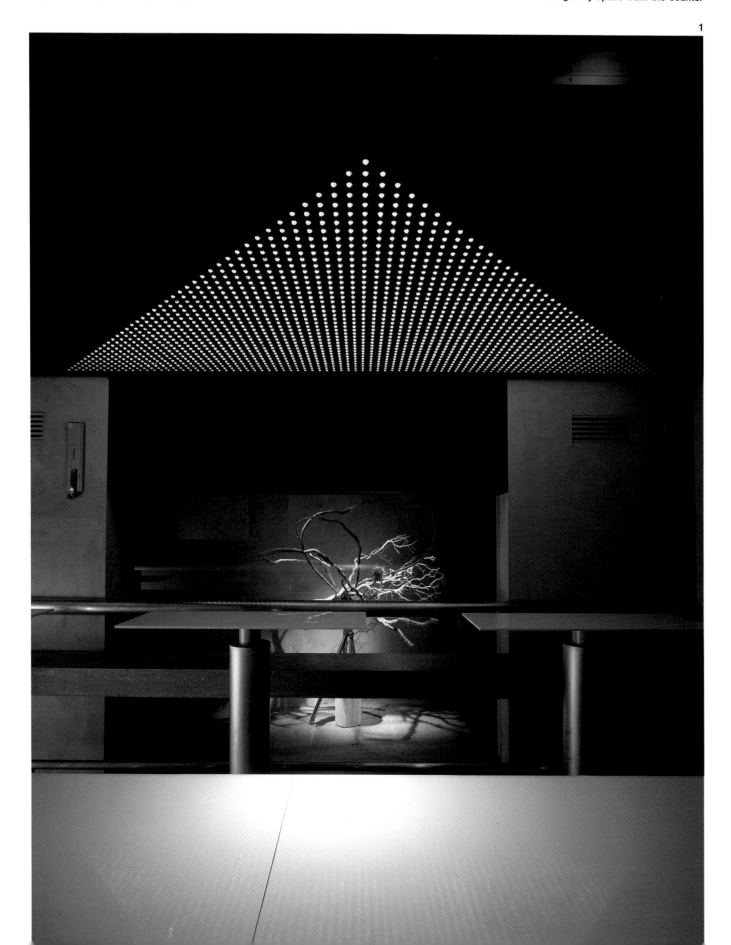

オッタゴノ
東京都渋谷区神宮前 3 丁目21-22 月の家 地下 1 階

Bar OTTAGONO

Jingumae Shibuya-ku Tokyo, Designer Takashi Takiuchi

1. カウンター席よりギャラリースペース方向を見る
View of the gallery space from the counter

●時間と空間がまどろむ未知の磁場

東京・原宿はティーンエージャーの町であるとともに，フ
リーランスのデザイナーが多く活動している町でもあ
る。裏通りの商業ビル地下１階に位置するこのバー
は，自由業の大人を中心に幅広い客層を想定し，小さ
いながらも地域にふさわしい洗練された空間を指向し
ている。

店内のデザインを決定づけているのは，錫を象嵌した
白のホウロウ鉄板で，長さ７ｍのカウンターとバック棚
に使用されている。天井には三角形の幾何学的パター
ンに丸いガラス玉が埋め込まれ，光を反射してキラキラ
と輝く。グレーと黒の空間の中で，白いカウンターとバ
ック棚は床，壁，天井から離脱し，空中に静止している
ような効果を生み出している。

設計者は，空間と時間のまどろむ未知の磁場を作るこ
とを意図し，その結果，光と影は新たな暗示的形態に
より，独特の存在を主張する。装飾性を排除したシンプ
ルな空間の中で，ギャラリースペースのディスプレイの
みが柔らかさとうるおいを醸し出しているのが印象的で
ある。

2. 店内奥より入り口方向客席全景を見る
Whole view of the interior

OTTAGONO

Harajuku, Tokyo, is a quarter for freelance
designers as well as teenagers. This bar in
the first basement of a commercial building
on a back street of Harajuku is intended to
be a small but smart place suitable for the
district for freelances and a variety of other
customers.

The interior design is characterized by
enamel steel plates inlaid with zinc, which
are employed in a 7m counter and a shelf
behind it. The ceiling has small balls of glass
stuck onto the surface in geometric triangu-
lar patterns. They sparkle when they reflect
light. The white counter and shelf in the
black and grey interior look as though hover-
ing in the air.

The designer tried to create a mysterious
magnetic field where time and space drowse.
Consequently, light and shadow assert
themselves in novel suggestive forms here. It
is impressive that the display at a gallery
zone softens the atmosphere of this plain
space with no decorations.

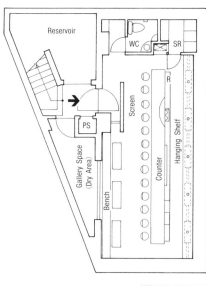

OTTAGONO PLAN 1:150

2

E ストリート バー

東京都渋谷区東 3 丁目 5 -23 ライオンズプラザ恵比寿 1 階

E STREET BAR

Higashi Shibuya-ku Tokyo, Designer Mirai Tohno

設計／ダムダン空間工作所
施工／ホームデコール　旭インテリア

E STREET BAR PLAN 1:150

●空中を翔ぶレール

間口2.5m，奥へいくにしたがってL字形に広がる52.5
㎡の狭くて変形のフロアを特徴づけているのは，内部
空間を貫通し，外部まで突き出した"翔ぶレール"であ
る。

店内の最奥部分の壁よりR形に湾曲しながら入り口ファ
サードのガラス壁を突き抜けるH形鋼の2本のレー
ルは，カウンターを形成し，空間に奥行きと運動性を与
えている。このデザインにより，結果として予想を超える
多くの客席を取ることができ，また，開放的で気取らな
い雰囲気を生み出すことができた。このH形鋼でできた
カウンターは，床から天井へ延びる一本の本物の鉄道
レールで支えられているかのようなフォルムをしており，
鉄道レールはカウンターと同じようにガラス壁を突き破
って外部へ突き出ている。

東京・恵比寿にできたこのロックバーは，音楽好きの人
が自然と集まり，店内を貫通する即物的な素材の重量
感と造形的強度の中で，会話を交わし，好きな音楽テ
ープを持ち込んで楽しむことができる場所である。

1. 店内最奥の壁に突き刺さったカウンターテーブル
   Counter table of the inner part
2. 入り口側から奥へ連続するH形鋼製のカウンター
   View of the counter from the entry side

E STREET BAR

The 52.5㎡ floor of this bar with a frontage of
2.5m gets wider in an L shape as it extends
back. The place is characterized by "flying
rails" which penetrate the space and jut
outside.
Two steel rails with wide flanges, which
extend from the back wall in an R shape and
pierce a glass wall in the facade, form a
counter and give depth and movement to the
space. This design turned out to allow more
seats than expected. And it creates an open
and informal atmosphere. The counter looks
as if supported by a real rail of a railway,
which extends from the floor toward the
ceiling but sticks out through the glass wall,
just like the counter.
This "rock bar" in Ebisu, Tokyo, lures music
aficionados, who enjoy talking in the space
filled with weightiness and strength of the
penetrating rails. They can also bring in their
own favorite tapes.

1

葦の間から洩れる光が陰影を強調するショットバー

ゼウス バー

奈良県北葛城郡香芝町今泉441-1

ZEUS BAR

Kashiba-cho Kita-katsuragi-gun Nara
Designer Kazuhiro Gohda

設計／プラネット合田デザイン事務所　合田和博　橋本健二
施工／奈良商事＋吉忠

1. 入り口まわり外観。外壁は青空の色を表現
   View of the facade and entry
2. 入り口側から見た客席全景。照明により天空からの光と影を演出
   Whole view of the interior from the entry

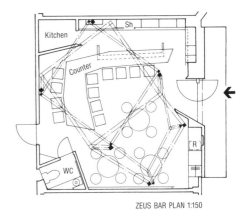

ZEUS BAR PLAN 1:150

3

●ゼウスの支配する天空を再現
古都・奈良にも近代化の波が押し寄せ，高速道路が建設される時代になった。このバーは，奈良を通る高速道路のインターチェンジ出口正面に位置するドライブインレストランの敷地の一角にあり，車で来る若者をターゲットとしている。

店名のゼウスとは，ギリシャ神話にでてくる天空を支配する最高神のことであり，そこから，雲の間に垣間見える青空，その間から降り注ぐ神秘的な光の帯と地上に染み込む影がイメージされた。ファサード外壁の色彩は青空を表現したものであり，内部空間に投影されたランダムな光と影は天空の光を再現しようとした試みなのである。

高い天井を利用して造られた木の角材による柱と梁の架構の上部には葦が置かれ，天井との間に設けられた照明の光が葦の間のスリットを通して強い陰影を生み出し，この空間を印象的なものにしている。

ZEUS BAR
The ancient city of Nara is no exception to urbanization. It now has an expressway crossing it. This bar is situated in the site of a drive-in restaurant right in front of an interchange of this expressway and targets the young who come by car.

The name Zeus refers to the king of the gods and ruler of the heavens in the Greek mythology. A glimps of the blue sky behind clouds, mysterious beams of light coming through them, and their shadows on the ground are the images on which the bar was designed. The color of the facade represents the blue sky and randomly projected light and shadows inside the bar are an attempt to reproduce the heavenly light.

Reeds are placed on top of a frame of wooden pillars and beams made possible by the high ceiling. The light from lamps between the ceiling and this frame casts impressive shadows on the floor.

3. 米栂材の角柱によるランダムな架構
   View of the frame by pillars and beams

洗い出しの自然石が下水道を再現したバー

ナイトクルー

茨城県水戸市泉町３丁目36 真宏ビル２階

Bar NIGHT CREW

Izumi-machi Mito-shi Ibaraki, Designer Masayuki Watanabe

設計／渡辺工房 渡辺匡透
協力／北川二朗設計事務所
施工／渡辺工房

1. カウンター左端より入り口方向を見る
Detail of the bar counter and stone wall

1

● 下水道を徘徊する怪物

東京から鉄道で約2時間の場所にある地方都市・水
戸市の繁華街裏通りに立地するこのバーは、壁面を洗
い出し仕上げの小石で埋め尽されているのがデザイン
上の大きな特徴である。

大都会の下水道の中にペットとして飼われていた爬虫
類が、巨大化して生息しているというのがデザインのコ
ンセプトであり、小石がビッシリと貼り付いている壁面は
下水道の不気味な雰囲気を表現している。また天井に
は鉄とFRPで造られた巨大でSF的な怪物が触手をの
ばし、雰囲気をより強調している。この空間は石の持つ
冷たさと重厚感を出すため、天井のコンクリートを露出
したままにし、木と鉄以外の柔らかい素材は、ほとんど
使われていない。

自然石の表現を生かすため、大小さまざまな小石を人
間の手で壁に貼り付けていく作業には多くの労力と時
間が必要とされたが、その結果、手作りでしか味わえな
い独特の表情を持つ壁面ができあがった。

2. キッチン側から見たカウンター席全景
Whole view of the counter table

NIGHT CREW

This bar in Mito, a provincial city which is
about two hours' train ride from Tokyo, has
its walls covered with scrubbed pebbles. The
design concept is a reptile that has grown
gigantic in a sewer of a big city. The walls
densely studded with pebbles represent the
eerie aura of a sewer. There is a huge
sci-fi-like monster made of iron and fiber
reinforced plastics stretching its arms on the
ceiling, contributing to the atmosphere. In
order to accentuate the coldness and solid-
ity of the pebbles, the concrete ceiling has
been left bare and hard materials have been
employed for the most part.

It took a great deal of exertion and time to
stick the pebbles onto the walls one by one
by hand. But the result is a distinctive taste
only handiwork can achieve.

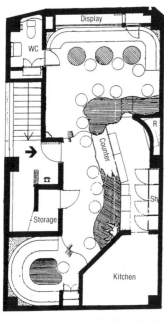

NIGHT CREW PLAN 1:150

2

SPACIUM PLAN 1:300

多目的ホールのホワイエバー

スペーシアム

千葉県柏市末広町１丁目１ 柏高島屋ステーションモール８階

Foyer Café & Bar SPACIUM

Suehiro-cho Kashiwa-shi Chiba
Designer Hidenori Seguchi

企画／東神開発
設計／エッチエス・デザインファーム　瀬口英徳　高橋慶一　山口ひろ子
施工／ア ファクトリー

1

●借り手により形が変わるホワイエのバー
ヨーロッパやアメリカの劇場には，そのスタイルに応じたホワイエがあり，その一角にはカウンターバーが設けられている。幕間の興奮とリラックスした気分が交差する中，人々は親密感のあるホワイエと小さなカウンターバーで余韻を楽しむ。しかし，日本では劇場のホワイエとカウンターバーは，通常，付け足しの設備としてしか考えられておらず，貧弱なスペースとデザインが観客を失望させる。
東京の衛星都市・柏市の駅ビル８階に新しくできた多目的ホール・スペーシアムは，演劇，コンサートだけでなく，ディナーショー，パーティー，各種のイベントに対応できるようになっている。ホワイエもホール面積436㎡に比較して217㎡と大きな面積が割かれ，その一角にカウンターバーが設けられている。ホワイエと一体化した

デザインのバーは，ホールの借り手の目的によってバーだけでなく，シェフを連れてきてレストランとして使用することもできるフレキシビリティを備えているのが運営上の特徴である。

1. テーブル席より見たバーカウンター
   Whole view of the bar counter
2. ホワイエ側からカウンターを通して客席をみる
   View from the foyer to the bar area

SPACIUM

European and American theaters have a foyer with a bar that accords their style. People enjoy a mixture of relaxation and

lingering excitement during an intermission in the intimate foyer. In Japan, however, a foyer is generally regarded as a mere appendix and its meager space and poor design is disappointing.

Spacium, a new multi-purpose hall on the eighth floor of the station building of Kashiwa, a sattelite city of Tokyo, is available for dinner shows, parties and many other events as well as plays and concerts. Its foyer is 217 m², which is comparatively large in relation to the 436 m² hall. The bar in the foyer has been given a certain amount of flexibility: You can bring in a chef and use it as a restaurant depending on your purpose.

108

設計／安井秀夫アトリエ　安井秀夫　堀江隆徳
施工／アート・リキ

お茶屋の雰囲気を味わえる和風バー

かめ田

大阪府大阪市中央区東心斎橋１丁目19-21　アングルワンビル地下１階

Japanese Bar KAMEDA

Higashi-shinsaibashi Chuo-ku Osaka, Designer Hideo Yasui

1. レジ側から見たカウンター席全景
View of the counter table from the cashier
2. パントリー側より金箔貼りのドーム天井を見る
View of the dome ceiling from the pantry

3

●蒔絵のカウンターを引き立てる間接照明

大阪・ミナミの飲食ビルがひしめく歓楽街・鰻谷にある
ビルの地下1階にこのバーはある。周囲にバーが多い
立地条件から，他にないスタイルを採り入れようという
ことで，日本酒を前面に打ち出し，季節の料理が味わ
える和風バーという形式が選ばれた。

和風の空間を表現する最大のポイントは，店内中央を
占める長さ6mの漆塗り蒔絵仕上げのカウンターであ
り，金粉を散らした表面に浮かび上がるモミジの葉が
日本的な風雅さを漂わせている。さらに天井のドーム
部分には金箔が貼られ，石のスクリーン下部にも金箔
が配されて，日本的な雰囲気をよりいっそう強調してい
る。

カウンター席は掘り込み式になっており，座敷と同じ床
レベルに座って酒を飲み，料理を楽しむ客は，京都の
お茶屋にいるような豪華な気分を味わうことができる。
間接光のみの照明は，日本的な素材を使った空間に
新しい感覚を吹き込み，新旧一体となった日本的伝統
を創出している。

3. 蒔絵仕上げの漆のカウンター
   Detail of the counter table

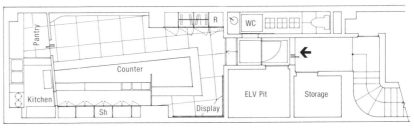

KAMEDA PLAN 1:150

KAMEDA

This bar is situated in the first basement of a building in Unagidani, an amusement area in Minami, Osaka, packed with restaurants and bars. In order to differentiate itself from many other establishments in the area, it features sake, or rice wine. This Japanese-style bar also serves dishes of the season.

The place is dominated by a 6m gold-lacquered counter in the middle. Maple leaves appearing on the surface are elegantly Japanesque. Furthermore, a dome on the ceiling and the lower part of a stone screen are coated with gold, highlighting the Japanese atmosphere.

The floor beneath the counter is dug down so as to function as a bench. Sitting on the floor flush with an adjacent tatami-matted zone, you feel a touch of a luxurious Kyoto restaurant. The lighting is all indirect and adds a new feel to this space made of Japanese materials, bringing together the new and the old.

タカオ

福島県いわき市平4丁目22-2

Lounge TAKAO

Taira Iwaki-shi Fukushima, Designer Fumio Tsuchiya

企画／百澤商店　スペースプランニング　オズ
設計／スペースプランニング　オズ　協力／渡辺慶次
施工／建築　松本鉄工建設　司工務店　内装　平AD社

1. 増築のガーデンルームから1階エントランスホール方向を見る
View of the entrance hall from the garden room

1

Lounge TAKAO

Taira Iwaki-shi Fukushima, Designer Fumio Tsuchiya

2

●石の存在感を生かした改装手法

大谷石は東照宮で有名な日光の近くの大谷地方から
産出する緑がかった白い凝灰岩で、柔らかく細工しや
すいことから建築資材として広く使われてきた。

大谷地方の近くに位置する、いわき市にできたこのレス
トランバーは大谷石でできた100年近く前の蔵を改装し
たものである。大小2棟の隣接する蔵は連結され、新
たに軽量鉄骨造平屋建ての建物が左側に追加され
た。中央の小さな蔵に入り口とエントランスホールが設
けられ、その2階はラウンジルーム、右側の蔵の1階
が厨房、2階がディナールーム、左側の新設部分がガ
ーデンルームという構成である。

デザイン上では、古い蔵の大谷石積み外壁と新しい建
物の調和に注意が払われ、その結果、石の粒子が混入
されている塗料を吹き付けた仕上げが採用された。内
部空間も構造体の梁や柱などの木部は黒く塗装され、
水洗いされた大谷石の白さが強調されるよう配慮され
ている。全体に蔵月の重さを感じさせる、石の存在感を
生かした空間構成である。

2. 大谷石を引き立てるため柱と梁が黒く塗装された2階
のダイニングルーム
Dining room of the second floor

3. 年月を経た風格を漂わせる2階ラウンジルーム
Rounge room of the second floor

2F PLAN

TAKAO IF PLAN 1:250

TAKAO

Oya stone is a greenish-white tuff produced
in Oya near Nikko famous for the Toshogu
Shrine. Since it is soft and easy to work, it is
widely used as an architectural material.

This restaurant-bar in Iwaki near Oya is the
product of a renovation of storehouses near-
ly 100 years old made of Oya stone. The two
adjoining storehouses have been connected
and a 1-story house in light gauge steel
structure has been attached to the left side.
The entrance is provided in the small store-
house in the middle, whose second floor is
devoted to a lounge. The larger storehouse

on the right contains a kitchen on the first
floor and a restaurant on the second floor.
The new house on the left is a garden room.
Design-wise, special attention has been paid
to harmonize the new house with the old
ones. Specifically, the new part was sprayed
with paint mixed with stone particles to
make it fit in with the Oya stone outer walls
of the storehouses. The beams and pillars
were painted black to show off the white-
ness of the washed stone. Overall, full
advantage was taken of the taste of the
stone that has accrued to it over a long
period of time.

2

春秋 バイ クロス 福岡店

福岡県福岡市中央区大名1丁目12-52 セパビル6階・7階

Bar SHUNJU by Cross Fukuoka

Daimyo Chuoh-ku Fukuoka
Art Director Takashi Sugimoto

AD／杉本貴志
設計／スーパーポテト　川上尊道　月山　巌
施工／フロムファースト　中嶋吉隆

1

●多様な楽しみかたができる店づくり

九州の中心・福岡の繁華街にできたこのバーは，ビルの6階と7階の2フロアからなり，6階が和風バー・春，7階が洋風バー・秋という構成である。

"春"は，日本酒のためのバーカウンター，炭火で料理が楽しめるイロリテーブル，野立て感覚の小上がり席よりなり，ケヤキ材，松材，栗材等の古木を中心に5種類の竹を使った竹格子や，和紙パネル，土壁，ベージュ色の自然石など，和を感じさせる素材が使われている。7階の"秋"は，300種類の洋酒を揃え，庭園を眺められるバーカウンター，黒人の弾き語りが聞けるピアノテーブル，アンティーク家具を使ったテーブル席よりなり，インテリアは黒御影石，ノミで削り出し黒塗装さ

れたカバ桜材，メタルの廃材などの黒を主体とした素
材が使われている。

このバーを訪れる客は，その時の気分や状況により，6
階と7階を使い分けることができるが，一つの店として
のトータルな印象度を欠くことなく，どの席に座っても違
った景色とサービスを楽しめる工夫がなされている。

1. ELVホールから見た6階・春のアプローチ通路
   Entry space of the 6 th floor
2. 竹組みの床を持つ6階・春の小上がり席
   Sitting floor area of the 6 th floor

SHUNJU by cross Fukuoka
This bar in a bustling area of Fukuoka, the
central city of Kyushu, occupies the sixth
and seventh floors of a building, the former
containing a Japanese-style bar named Haru,
or spring, and the latter westernized-style
bar Aki, or fall.
Haru consists of a counter serving sake, a
big table with a firepalce in the middle where
customers enjoy food grilled over charcoal,
and a raised tatami-matted sitting zone with
a touch of an outdoor tea ceremony. The
materials utilized in these fittings all have a
Japanese flavor : old zelkova, pine and
chestnut woods; five different kinds of bam-
boo used in a lattice; washi, or Japanese
paper, used to make a panel; loam; and
beige natural stone.
Aki on the seventh floor boasts 300 kinds of
Western liquors. It consists of a counter with
a view of a garden, a piano table where a
black musician sings to his own piano and
an antique table. The interior is mostly
black : black granite, cherry wood chiseled
and painted black, and scrapped metal.
You can choose whichever floor you like
depending on your mood. Furthermore, you
can enjoy a different atmosphere in each
seat. Yet the two bars are in complete
harmony with each other.

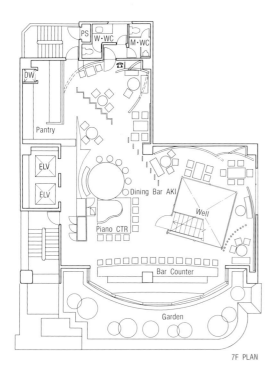

Pantry

DW

ELV

ELV

Dining Bar AKI

Well

Piano CTR

Bar Counter

Garden

7F PLAN

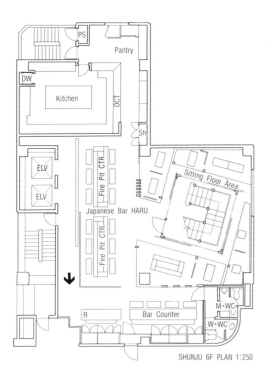

PS

Pantry

DW

Kitchen

DCT

Sh

ELV

ELV

Fire Pit CTR

Sitting Floor Area

Japanese Bar HARU

Fire Pit CTR

M・WC

R

Bar Counter

W・WC

SHUNJU 6F PLAN 1:250

3. バーカウンター側より見た7階・秋の客席全景
view of the 7 th floor from the bar counter

3

1

春秋

東京都港区赤坂2丁目16-19　赤坂イイヌマビル地下1階

Japanese Bar SHUNJU

Akasaka Minato-ku Tokyo, Art Director Takashi Sugimoto

企画／杉本貴志
設計／建築　清水建設
　　　内装　スーパーポテト　杉本貴志　進藤　力　橋本夕紀夫　北村里香　岡本玲子
協力／辻　清明　グラフィック　イックス　広村正彰
施工／建築　清水建設　内装　美留土

1. 入り口より開口部を通して店内を見る View of the interior from the entry
2. 店内右側を占めるカウンター席 View of the bar counter from the entry side

2

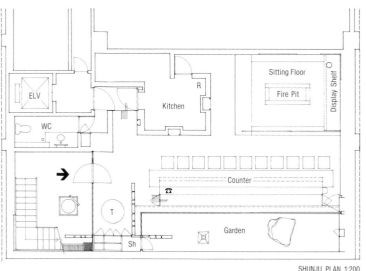

Sitting Floor

Fire Pit

Display Shelf

ELV

R

Kitchen

WC

Counter

T

Garden

Sh

SHUNJU PLAN 1:200

●コラボレーションが生んだ安定した空間
素材は建築家にとって永遠の課題であるとヨーロッパのさる建築家が述べているが，ショップデザインにとっても，素材を自由に使いこなすことは容易ではない。ましてや，素材に時間性を持たせ，できた時点から，それ以前の時間的経過を感じさせることは，かなり困難なことである。
東京・赤坂の高級飲食街にできたこのバーは，陶芸家

や経験豊かな職人たちとの共同作業によってこの難問に挑戦している。素材は今の材料，今の工法，今の道具を使うことなく，すべて昔からのもので仕上げられ，流行的なものではなく，さりとて伝統を再現したものでもない，確かで安定した空間が創り出されている。
たとえば，小上がり席の壁に使われている古木は，土壁の土を塗り込むことによって，生っぽさを消して空間になじませ，床の黒御影石も一つ一つ職人の手でハツら

れることにより人間の手の痕跡を残している。チョウナという荒々しい仕上げが多用されているにもかかわらず，ここには居心地の良い，上品で落ち着きのある空間が造り出されている。

3. 左奥コーナーの囲炉裏がある板張り座敷席
Whole view of the sitting floor

3

SHUNJU Akasaka
"Materials are an eternal problem for the architect," said a famous European architect. It is not at all easy for a designer of commercial facilities to manage them, either. And it is much less so to give them a taste of accumulated time.

This bar in Akasaka, a high-class restaurant area in Tokyo, tackles this problem through collaboration with potters and other experianced artisans. They employed only traditional methods and tools to treat traditional materials. Neither trendy nor imitatively traditional, the space they have created carries an air of stability.

The wood used in the wall of a raised tatami-matted sitting area, was smeared with loam in order to make it seem less raw and thus adapt it to the surroundings. The floor is covered with black granite, each piece shaved by the hands of the artisans to leave a trace of handiwork on it. Although it was harshly finished with adzes, the place is cozy, elegant and quiet.

ゼスト

大阪府大阪市中央区心斎橋筋１丁目4-6　大伸ビル地下１階

Bar ZEST

Shinsaibashi-suji　Chuo-ku Osaka
Designer Hideki Shigeta

設計／アクト　繁田英紀　渡辺　暁
施工／サンユー工芸

●ワンストロークで表現されたデザイン
大阪・心斎橋の繁華街にできたこのバーは地下１階に
あり，１・２階は同じ経営になる和洋折衷のレストラン
である。道路から直接に外階段を降りた場所にサンク
ンガーデンが設けられ，その庭をアプローチとして店が
配置されている。
店内のデザインは，１・２階と同じように和のイメージ
を採り入れた洋風のデザインで構成されているが，わ
ずか32㎡の広さしかないため，ディテールの要素で和
風を感じさせるのではなく，空間全体で和風を表現す
る手法が取られた。まず，壁面は赤御影石の仕上げを
変えて横に貼り，着物の帯がうねるイメージをつくり出
し，四角柱のフォルムをした立ち飲みカウンターの御影
石の割り肌と対比させる。次に大テーブルバックの引き
戸と折り上げ天井を銀モミ紙仕上げとし，和風の感覚
を強調するという方法がとられた。
周囲に朝７時まで営業している店が少ないこともあっ
て，深夜は女性客，その後は男性客を中心に30歳前後
の大人が集まる場所として，好評を博している。

1. 庭側から入り口扉を通して店内を見る
   View of the entry from the garden side

ZEST
This bar occupies the first basement of a
building in Shinsaibashi, Osaka. The first
and second floors are devoted to an eclectic
Japanese-Western restaurant run by the
owner of the bar. There is a sunken garden
at the foot of an outer stairway directly
facing a street and this garden serves as the
approach to the bar.
The interior adopts a westernized style with
a Japanese taste just like the restaurant
above. Since it is only 32㎡, it is the space
as a whole rather than the details that has
been designed to produce the Japanese
atmosphere : The walls are covered with
horizontal red granite plates, each with a
different finish, to create an image of an
undulating obi sash of a kimono. They contrast
with square column-like counters retaining
the rough surface as they were cut.
A sliding door behind a big table and a coved
ceiling are covered with crumpled silver
paper to highlight the Japanese taste.
This bar is open until 7 in the morning. There
being few such palces in the vicinity, it
draws people around the age of 30, espe-
cially women late at night, and men later that
that.

1

2. 店内奥の大テーブル席 Whole view of the big table

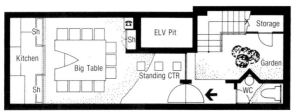

ZEST PLAN 1:150

トワイライト

福岡県福岡市博多区中洲2丁目5-21 ステージワンビル3階

Nightclub TWILIGHT

Nakasu Hakata-ku Fukuoka
Designer Setsuo Kitaoka

設計／北岡デザイン事務所
　　　北岡節男　田中裕明
協力／グラフィック　ピアボーリンク　河合恭誌
　　　光ファイバーテキスタイル　プラス-T　須田時代
施工／スタジオ・オブ　太田孝治

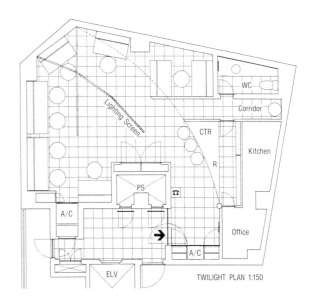

TWILIGHT PLAN 1:150

1. ELVホールより入り口扉を通してアプローチ通路を見る
View of the entry from the ELV hall

1

●エッジライトによる非日常的世界
福岡・中洲は日本でも有数の, 飲み屋が密集している地域であり, 夜にもなるとネオンのきらめきとホステスの嬌声が絶えることはない。中洲の中心にあるビルの3階にできたこのクラブは, 店名にちなんだ"光"をテーマとしてデザインされた。
内部空間を強烈に印象づけているのは, 光を集めるという性質を持った特殊な透明アクリル板のスクリーンと, 床や天井を走るラインである。床や天井に埋め込まれた見えない部分のエッジに光を当てると, 空間に露出した部分のエッジが青や黄緑色に輝く。床や天井, スクリーンのエッジなど光源のない場所に光のラインが鮮やかに走っているのを見て, 客は不思議な感覚におちいる。さらに, ソファの座と背当てには光ファイバーが埋め込まれ, 点滅する。

薄暗い店内で, 客は光のハーモニーに囲まれてホステスのサービスを受け, アルコールを飲みながら非日常的な一刻を楽しむのである。

2. 客席を走るエッジライトの光のライン
   Edge light of the lighting screen
3. 客席よりトイレへ至る通路を見る
   View of the corridor to the lavatory

TWILIGHT
Nakasu, Fukuoka, is one of the most bustling amusement districts in Japan, crowded with a lot of watering holes. It is filled with coquettish laughters of hostesses and glittering neon lights at night. This nightclub on the third floor of a building at the center of Nakasu has been designed on the theme of "light."
The space is impressively characterized by special transparent acrylic screens which collect light, and lines running on the floor and ceiling. When the edges hidden in the floor and ceiling are lit, the exposed edges glow yellowish-green. Customers get a strange feeling when they see these vivid lines where there is no apparent source of light. In addition, optical fibers embedded in the seats and backs of the sofas blink on and off. Customers relish being served in the harmony of lights in this twilit club.

1

花束

大阪府大阪市中央区東心斎橋2丁目1-21 千年町ビル1階

Nightclub HANATABA

Higashi-shinsaibashi Chuo-ku Osaka, Designer Mari Nakano

設計／デイハウス　中野麻里　弘中　隆　協力／田中裕之　施工／田川工芸

1. 入り口左側のU字形客席。右頁下部分は虚像　View of the U type seats area

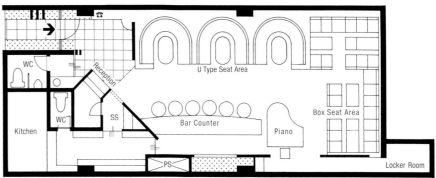

HANATABA PLAN 1:150

2

●空気の流れが感じられる造形
大阪・ミナミの千年町は由緒あるクラブや割烹が軒を並べる昔からの遊び場である。ここで40〜50歳代の大人の客層を対象に，長年にわたり営業してきたこのクラブは，接待利用客を中心として常連客を集めてきた。今回の改装では，高級クラブとしての新しいありかたが提案され，扉を開けると別の世界があり，そこに静かな緊張感のある空気がゆっくりと流れているという光景がコンセプトとしてイメージされた。そのために，花束をモディファイしたレリーフで覆われた壁は間接照明でグラデーションをつけられ，また黒いスクリーンに埋め込まれた金箔は風に流されているように，空気の流れが感じられる造形として配されている。
この結果，客席のどの場所に座っても異なった新鮮な視界が拡がり，カウンターに面した入り口わきのU字形

客席のように客が座りにくい場所から埋まっていくという現象が見られ，店内全体の雰囲気が良くなったとオーナーおよび客の両方から好評を得ている。

2. カウンターバックの金箔を埋め込んだスクリーン
View of the bar counter

HANATABA

Sennen-cho in Minami, Osaka, is a traditional amusement area with many posh nightclubs and Japanese restaurants. This old club for people in their 40's and 50's has been supported by regular customers who patronize it as a place for business enter-

tainment.
Recently renovation has been carried out based on the image of a serene flow of air in another world behind a door. The walls covered with reliefs of bouquets are indirectly lit in gradations and gold foil laid in a black screen looks as if being carried along by a wind, which gives you a sense of flowing air. As a result of the renovation, customers are able to have a different fresh sight from each seat. Interestingly, the seats which are normally avoided, like the one near the entrance, facing the counter, are the first to be occupied here. Both the proprietor and the clientele are quite satisfied with the renovation, which has enhanced the overall atmosphere of the club.

設計／ストゥーディオ・ニッツォーリ　マリオ・オリベーリ
ストゥーディオ・トミタ　冨田喜一郎　下野淳美
施工／野坂建設

祇園のオリエンタルなメンバーズクラブ

ジュノン

京都府京都市東山区四条通り花見小路上ル 祇園ホワイトビル2階

Member's Club JUNON

Shijo-Hanamikoji Higashiyama-ku Kyoto, Designer Mario Oliveri + Kiichiro Tomita

1. 入り口より列柱の並ぶアプローチ通路を見る
View of the colonnade from the entry

京都の歓楽街は，鴨川の両岸では性格を異にする。西側は木屋町界隈の大衆的な飲食街であり，東側は祇園のある地域で，高級クラブが立ち並ぶ。オープンして9年，今回3度目の改装をしたこのクラブは東側の高級な飲食街の真ん中にあるビルの2階にある。

入り口から細長いアプローチ通路を通り，客席中央のピアノの置かれたピアッツァへ至る空間には，ガラスモザイクタイル貼りの列柱が立ち並び，ビザンチン様式をイメージさせる構成となっている。このデザインは日本人とイタリア人の合作になるもので，イタリア的でも日本的でもなく，地理的には両者の中間にある中近東のイメージとなったのは，お互いに理解できない別の価値観を持った世界の方が虚構性を強調できるためであった。

高級クラブとは，日常性を離れた虚構の世界であり，この空間では，会社関連の接待のため，毎夜，フィクションの世界が繰り広げられる。

2. 奥のピアッツァより入り口通路方向を見る
View from the piazza to the colonnade

JUNON
The entertainment area of Kyoto is divided by the Kamo River in terms of characteristics as well as geography: The west side is a popular district and the east side, where Gion, the former gay quarters, is located, is filled with high-class nightclubs. This 9-year-old club on the second floor of a building in the middle of the smart east area has undergone the third renovation.
The long narrow approach and a piazza with a piano surrounded by seats, which is at the end of the approach, are bristling with columns decorated with glass mosaic tiles, reminding us of the Byzantine style. This design is a product of collaboration between a Japanese and an Italian. But neither Japanese nor Italian, it has a flavor of the Middle East, a region between Japan and Italy. This is because the designers each wanted to draw on an image of a place completely different from their own, to highlight fictionality. A plush nightclub is essentially a fictional world away from daily life.

JUNON PLAN 1:200

女性専用のナイトクラブ

パスピリオ

大阪府大阪市中央区東心斎橋 2 丁目 7 -20 サザンパレスビル 5 階

Lady's Nightclub PASSPERIO

Higashi-shinsaibashi Chuo-ku Osaka
Designer Hidetoh Matsushita

設計／ジーベック　松下秀統　新田一郎
施工／総展

1. 客席壁面の照明を内蔵したアルミパネル　Lighting aluminum panels of wall
2. 客席とトイレへの通路を仕切るガラススクリーン　Glass screen of the corridor to the lavatory

2

● 大人の女性のための遊空間

ディスコや，男性ホストが女性にサービスする"ホストクラブ"にあきたりない遊び好きの女性を対象とした，女性専用の珍しいクラブである。

大阪・心斎橋のビル5階にできたこのスペースは，女性のための遊び場という目的に沿ったデザインがなされている。まず入り口の細長いアプローチ通路は大きく湾曲して内部が見通せない構造になっており，壁の左右にはFRP製の布状オブジェがかけられ，天井からは間接照明の青い光が降り注ぐ。別世界への入り口である通路を通り抜けた内部は，背面に照明を内蔵したアルミパネルと，しっくいに埋め込まれた壁面オブジェがメーンのデザイン要素である。

アルミパネルには無数のパターン化された穴が開けられ，背面の照明により3色の光がパターンを強調する。また壁面しっくいに埋め込まれたオブジェはコンピューターグラフィックスによるシミュレーションでパターン化され，そのビビッドなカラースキームにより女性の遊び場を彩る。

3. 女性トイレの化粧台まわり
Dressing table of the womans' lavatory

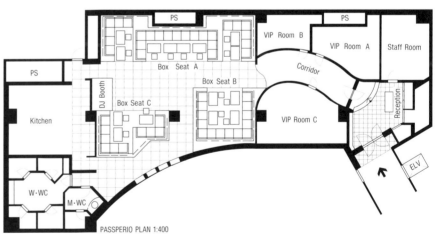

PASSPERIO PLAN 1:400

PASSPERIO
This is a rare nightclub solely for women and targets those who are unsatiated with discotheques and what are called "host clubs," where male companions serve women, and are out for more fun.

The design of this club on the fifth floor of a building in Shinsaibashi, Osaka, fits the place as a women's playground. The long and narrow passageway from the entrance curves greatly so as to obstruct the view into the inside. The walls on both sides have cloth-like art objects made of fiber reinforced plastics hung on them. And indirect blue light showers on you from the ceiling. When you have passed through this tunnel to another world, you will be welcomed by aluminium panels with lights behind them and art objects half buried in the plastered walls, which both dominate the interior.

The panels are riddled with infinite holes in a pattern, which are emphasized by the lights in three colors behind the panels. The art objects in the walls have been patternized by computer simulation and their vivid color scheme embellishes the place.

設計／スピリット北吉デザイン事務所　北吉敏文　山田 勉
協力／和紙　シムス　堀木エリ子
施工／大展

リビング感覚と数奇屋を調和させた高級和風クラブ

ヤマト

大阪府豊中市玉井町 1 丁目 2 -13 ゆたかビル地下 1 階

Nightclub YAMATO

Tamai-machi Toyonaka-shi Osaka, Designer Toshifumi Kitayoshi

1. 入り口より和紙スクリーンのあるアプローチを見る
View of the approach space from the entry

Nightclub YAMATO

Tamai-machi Toyonaka-shi Osaka, Designer Toshifumi Kitayoshi

2

● 日本的意匠とイタリア家具を調和させる

大阪の郊外・豊中市で懐石料理店を経営するオーナーの，日本的美意識によって創られた懐石料理を楽しんだ後の余韻が感じられる空間が欲しいという要望で，この高級和風バーはつくられた。

入り口内部を入ると左側に手すき和紙の大きなスクリーンがかけられ，繊細で，一抹のはかなさを感じさせる柔らかな光が透過し，あるいは隙間を縫ってこぼれてくる。客席に置かれているのはイタリアンモダンのファニチュアで，シンプルでまろやかなラインはリビング感覚の空間にアクセントを与え，オブジェとしての機能を果たしている。

青い組み紐で巻かれた飾り柱と間接照明を埋め込んだ飾り梁，かば材合板としっくいの壁，石英岩の床など，静かで控え目な空間は日本古来の"数寄屋"に通じる完成された構築美を示し，ゲストをやさしく包み込む。日本的なモチーフとイタリア家具とが不思議に調和した店内は，リビングのように落ち着いた，しかも居心地の良さをゲストに提供している。

2. イタリアンモダン家具の置かれた客席A
   View of the guest seat A
3. ピアノの置かれた客席B
   View of the guest seat B

YAMATO

This fancy Japanese-style bar in Toyonaka was created out of a wish of its proprietor who runs a tea ceremony cuisine restaurant and who had wanted a place for his customers to go after having aesthetical Japanese dishes.

Inside the entrance there is a large screen of hand-made Japanese paper hung on the left-hand side, through which delicate gentle light is coming, evoking a sense of ephemerality. The bar's living room-like space is adorned with the simple and mellow lines of Italian modern furniture, which also functions as art objects.

Decorative columns wrapped in blue braid, decorative beams with built-in indirect lights, birch plywood, plastered walls, and a floor of quartz–they are quiet and reserved but show the beautiful constructive perfection shared by traditional sukiya, or tea ceremony pavilions, and gently wrap the customers. The place is an unusual but cozy harmony between Japanese motifs and Italian furniture.

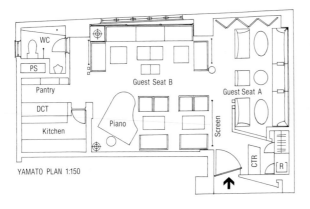

YAMATO PLAN 1:150

3

セリ・クラブ

大阪府大阪市中央区東心斎橋１丁目12-19 アルソー谷井ビル地下１階

SERIÉ CLUB

Higashi-shinsaibashi Chuo-ku Osaka
Designer Kenichi Hirai

設計／平井憲一建築事務所
協力／グラフィック　クリエートワークスタジオ　KP　梅田弘隆
施工／南海　杉浦健司

1. 入り口よりレジを通してアプローチ通路を見る
   View of the approach corridor from the entry
2. 奥のソファ席から見た半円形客席とバーカウンター
   View of the semi-circle seat

1

2

セリ・クラブ
大阪府大阪市中央区東心斎橋１丁目12-19 アルソー谷井ビル地下１階

SERIÉ CLUB

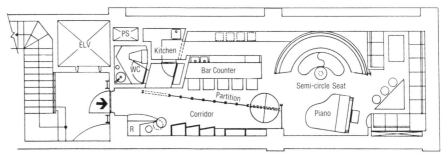

SERIÉ CLUB PLAN 1:150

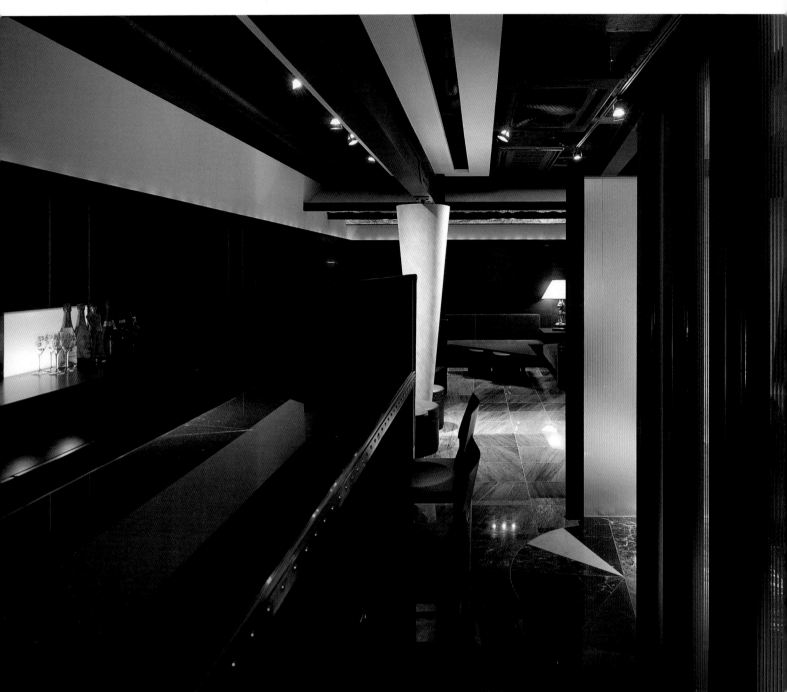

●重厚な空間を輝き感で引き立てる

大阪・心斎橋の鰻谷界隈は, 若者向けのファッションブ
ティック, バー, ディスコなどが軒を連ねる繁華街であ
る。40歳代の大人を対象にしたこの会員制クラブはビ
ルの地下1階にあり, 当初は若者を対象の店にするこ
とも考えられたが, オーナーが近くにクラブを経営して
いることもあり, 客層のバッティングしない現在の形態
が選ばれた。

面積63m²の店内はカウンター席5, ソファ席3コーナ
ー, 合計21席のゆったりした客席配置で, 鉄や石, ガ
ラス等の工業的な素材を使用しながらも, ダークな色
調による重厚さと照明による輝き感が強調されている。
そのためにH形鋼の飾り梁と逆円錐形をした飾り柱に
はレーザービームで光の装飾模様が映し出され, また
カウンターのバック棚壁面スリットからは赤い光が洩れ
てくる手法が採用された。

若者の街には数少ない, 静けさと華やかさが漂う空間
の中で大人たちは酒を飲み, 時間の過ぎゆくのを楽し
むのである。

3. バーカウンター席より半円形客席方向を見る
View of the bar counter

SERIÉ CLUB
This private nightclub for people in their 40's
is in the first basement of a building in
Unagidani in Shinsaibashi, Osaka, which is a
hectic district with boutiques for young peo-
ple, bars, discos and so on. Although the
owner first considered making it a place for
young people, it ended up with the present
form to avoid the overlap of clientele with
another club nearby run by the same owner.
A counter with five stools, and three sofas
spaciously arranged on the 63m² floor seat
21 in total. Iron, stone, glass, etc. have been
employed and thier glisten and solidity are
accentuated by lighting and dark colors,
respectively. For instance, patterns of light
are projected by a laser on decorative beams

of wide-flanged steel rails and decorative
columns in the forms of inverted cones. And
the shelf behind the counter has been
designed to radiate beams of red light
through its slits.
Here adults enjoy drinks and let the night go
by in the space where silence and brilliance
hang in the air, which is a rarity in the town
for the young.

DISCOTHEQUES

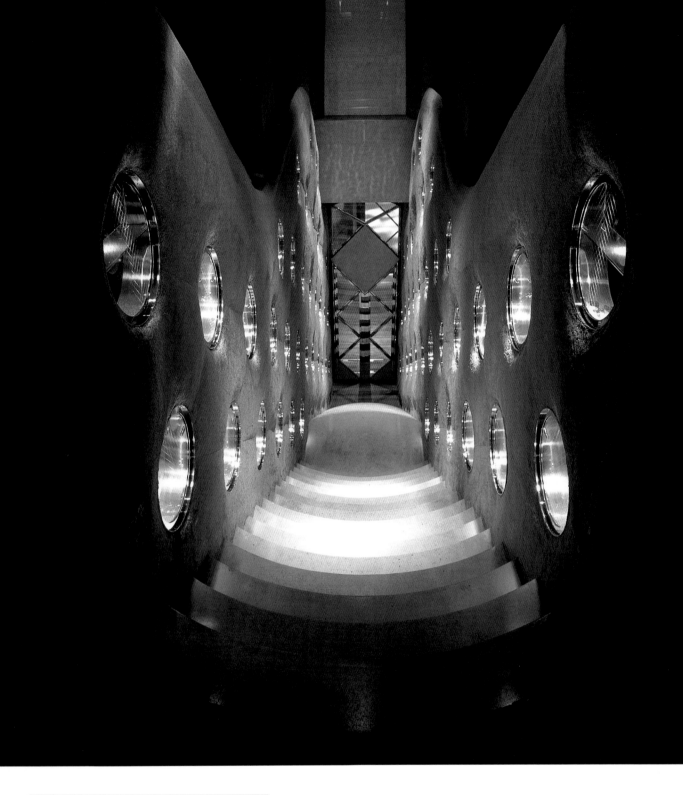

1

西洋と東洋が交差するホテル地下の巨大ディスコクラブ

バルナ・クロッシング

福岡県福岡市中央区春吉3丁目13-1　ホテル イル・パラッツォ1階・地下1・2階

Disco THE BARNA CROSSING

Haruyoshi Chuoh-ku Fukuoka, Designer Alfredo Arribas

プロデュース／ジャスマック　葛和満博　ゼネラル・ディレクション／CIA　シー・ユー・チェン
設計／アルフレード・アリーバス　設計協力・実施設計　弾設計　金子　満
施工／ジャスマック・辰村組J.V.

1. 地下2階と1階エントランスを結ぶアプローチ階段 View of the staircase from the 1st floor to the B2 floor
2. 地下2階のカクテル&ビタミンバーよりアプローチ階段を見る B2F：View of the staircase from the cocktail and vitamin bar

2

●常に変化する未来へのショールーム
九州最大の都市・福岡の歓楽街として有名な中洲に
面しているが，川を隔てているため取り残され，さびれ
た地区にイタリアの建築家，アルド・ロッシの設計したホ
テル・イルパラッツォが完成した。このホテルの1階か
ら地下2階までを占めているのがディスコとバーとレス
トランが複合されたこの巨大な施設で，スペインの建築
家，アルフレード・アリーバスがデザインを担当した。
企画のコンセプトはクロッシング，つまり東洋と西洋の
交差であり，またレストランやバーとダンスエリアとの交
差でもある。スペインのバルセロナは，文化的に東と西
の交差する場所であり，そのナイトレジャーは場所によ
って食事やダンス，酒などと目的を限定せず，人々は自
由に楽しむ。この雰囲気をディベロッパーのジャスマッ
ク社長が直接に体験し，スペインのチームに依頼するこ
とになった。
固定されたアルミの壁と，自由に動かすことのできる置
いただけのオブジェから成るこの空間を，常に動き，変
わっていく可能性を持っていることから，"未来へのショ
ールーム"と設計者は名付けている。

3. 地下2階ダンスフロア側より見たカクテル&ビタミンバー
   B2F：View of the cocktail and vitamin bar

THE BARNA CROSSING
Il Palazzo, a hotel designed by Italian archi-
tect Aldo Rossi, has been completed in a
district that faces Nakasu, an entertainment
zone of Kyushu's largest city Fukuoka, but
which is deserted due to a river that sepa-
rates it from Nakasu. The first floor and the
two underground levels are devoted to a
huge compound of a discotheque, a bar and
a restaurant, designed by Spanish architect
Alfredo Arribas.
The concept of the project is "crossing"-the
crossing of the East and the West, and the
crossing of a restaurant-bar and a disco.
Barcelona, Spain, is the place where the
East and the West culturally cross.
When people there go out for fun at night,
they enjoy eating, drinking and dancing quite
freely: They don't confine each to a fixed
palce. The president of Jasmac, the devel-
oper in charge of this project, experienced
this in person and decided to entrust the
project to the Spanish team.
The space consists of fixed aluminium walls
and movable art objects. The designer calls
it a "showroom toward the future" in the
sense that it has a possibility of always
moving and changing.

5

4. 地下2階のガラス箱におさめられたダンスフロア
   B2F：View of the dancing floor
5. 入り口左側に配された1階VIPルーム
   1F：View of the VIP room

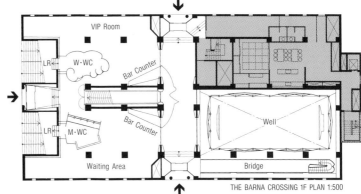

THE BARNA CROSSING 1F PLAN 1:500

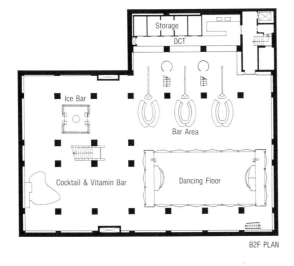

B2F PLAN

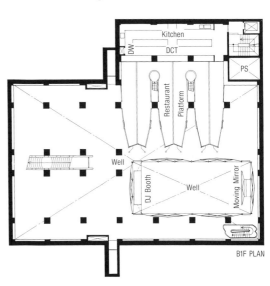

B1F PLAN

レストランと複合した東京人のためのディスコクラブ

ツインスター
東京都新宿区神楽坂2-11 第二カグラヒルズ2・3階

Restaurant & Disco TWIN STAR
Kagurazaka Shinjuku-ku Tokyo
Designer Lisa Der

設計／内装　基本設計　イマジマックス　リサ・ダー
　　　　　実施設計　コンサルティングエンジニア
　　　　　　　　　　三越建装事業本部
　　　　　建築　フナミズデザインスタジオ
施工／建築　熊谷組東京支店
　　　　　内装　三越建装事業本部

1. エントランスホールから見た2階・ローヤルラウンジ
   2F：View of the royal lounge from the entrance hall
2. ダンスフロアわきに配された2階・リサラウンジ
   2F：Whole view of the Lisa lounge

1

東京都新宿区神楽坂2-11 第二カグラヒルズ2・3階

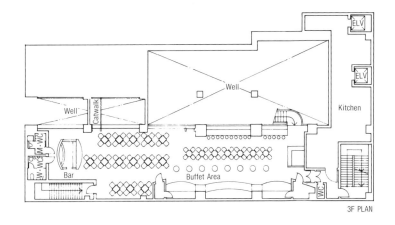

3F PLAN

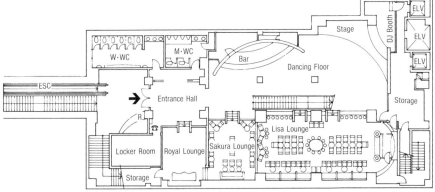

TWIN STAR 2F PLAN 1:400

3

●宇宙をテーマとしたエクレクティック空間

東京・神楽坂は，古い歴史と伝統を持つ花街である。現在でも芸者の置屋がある歓楽街としてしられており，数は多くないが，特徴のある飲み屋やレストランが点在している穴場的な地域といえる。

坂の入り口にできたこのディスコクラブは，有名な芝浦のディスコ・ジュリアナ東京を手がけた中国系カナダ人リサ・ダーのデザインになる。店舗のコンセプトはディスコ・エリアだけでなく，レストラン＆バー・エリアを充実させ，客が多様なナイトレジャーを楽しめるようにすることで，その意図に沿ってフロア構成と動線が決められた。

デザインのテーマは店名からイメージできるように "宇

宙"で，それを象徴するものとしてダンスフロアの上部に吹き抜けとトップライトを持っており，黄金色のマスクの眼からはレーザー光線が発射される。またリサ・ラウンジと名付けられたレストラン壁面の青い光壁には惑星の軌道パターンが描かれ，テーマを強調している。内部空間には折衷主義的な装飾が施され，バロック，モダン，ローマンなど様々な様式がミックスされた独特の雰囲気を創出している。

3. 壁画の描かれた2階ダンスフロア
   2F：View of the dancing floor
4. 吹き抜けに面した3階キャットウォークまわり
   3F：View of the catwalk and well

TWIN STAR
Formerly a red-light district, Kagurazaka, Tokyo, has a long history and tradition. It still retains geisha houses and is dotted with a few but distinctive bars and restaurants.
This discotheque at the bottom of a slope was designed by Lisa Der, a Chinese-Canadian who was in charge of Juliana's Tokyo, a famous disco in Shibaura. This project is aimed at offering customers a variety of ways of enjoying the night by creating an excellent restaurant and bar area as well as a discotheque proper. The floor organization and traffic were planned according to this purpose.

As hinted at by its name, the design theme of the place is the universe, which is symbolized by a wellhole and a top light above the dancing floor. Furthermore, the restaurant dubbed Lisa Lounge has blue light walls with the orbits of planets painted on them to highlight the theme. The interior is decorated with eclectic details drawn from the Baroque, modern, Roman and other styles, and induces a unique atmosphere.

1

巨大な人の顔をしたランドマーク的ディスコクラブ

キング・ムー

北海道札幌市中央区南7条西4丁目

Discotheque KING XMHU

Minami-7jo Chuo-ku Sapporo, Concept Designer Jim Lima

トータルプロデュース／ビサインテリア事業部　本間雅男
モノリス　風間俊男
ビジュアルコンセプトデザイン／ジム・リマ
設計／建築　BX　馬場祐三
内装　リンク　三原　実　テツ　小西　徹
協力／エフェクトコーディネーション　ケン・ラマーズ
ライティングデザイン　ケン・ビリントン
サウンドシステム　バート・ローゼン
施工／建築　地崎工業　内装　平林デザイン
演出照明・音響　ウシオ・ユーテック

1. トラスウォール工法による外観全景を見る　View of the southwest side
2. DJブース側から見た1階ダンスフロア　1F：View of the dancing floor from the DJ booth

3

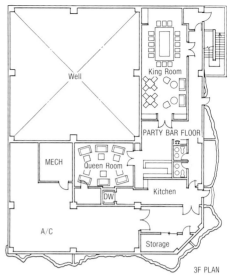

3F PLAN

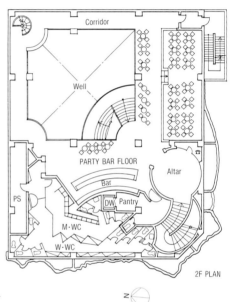

2F PLAN

N

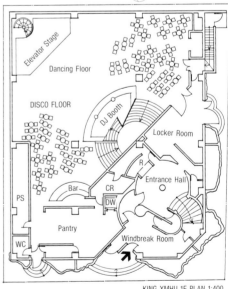

KING XMHU 1F PLAN 1:400

●幻のムー大陸の再現がコンセプト

札幌市は北海道の中心であるだけでなく，北日本最大の都市であり，また全国的に有名な歓楽街・すすきのがあることでも知られている。この店はすすきののはずれにある交差点に面しており，特異な外観から人の顔をしたディスコとしてランドマーク的な存在になっている。

企画のコンセプトは，太平洋に沈んだといわれる幻のムー大陸を再現することで，トラスウォール工法により造られた巨大な顔の外観は，ムー大陸の帝王をイメージしたものである。内部空間もムー伝説をもとにしたストーリーで組み立てられ，神殿風の金色に輝くきらびやかなつくりとなっている。

デザインにあたっては，ロボコップⅡなどのハリウッド映画でビジュアル・コンセプターとして活躍してきたジム・リマが招かれ，このプロジェクトのマスターデザインを担当した。ファサードのドローイングを忠実に具現化するため，立体化された20分の1の模型が作られ，それをコンピューターで解析して金網の型を作り，そこにコンクリートを打ち込むという手間とコストのかかる工法がとられている。

KING XMHU

Sapporo is not only the center of Hokkaido but also the largest city in northern Japan and its amusement district, Susukino, is famous nationwide. This discotheque at an intersection in Susukino is a kind of landmark in the vicinity for its peculiar exterior with a man's face.

The concept of the project is the restoration of Mu, a continent believed to have been inundated under the Pacific. The huge face in trussed wall construction on the exterior is meant to be the emperor of Mu. The interior has also been designed based upon the Mu legend and suggests a flamboyant golden shrine.

Jim Lima, who is active in Hollywood as the visual concept creator in "Robocop II," etc., was invited to take care of the overall design. In order to realize the drawing on the facade faithfully, a three-dimentional 1/20 model had been prepared, which was then analyzed by computer to make a mold of wire netting, into which concrete was poured. This method took a great deal of time and expense.

3. 吹き抜けに面した2階回廊の手摺りディテール
   2F：Detail of the handrail
4. 月のパワーを象徴する3階・クイーンルーム
   3F：Interior view of the queen room
5. 黄金をモチーフとした3階・キングルーム
   3F：Interior view of the king room

キャメルズ

東京都港区赤坂4丁目7-17 台湾青果ビル地下1・2階

Disco & Nightclub CAMELS

Akasaka Minato-ku Tokyo
Designer Sam Lopata

トータルデザインコンサルティング／カザテック
設計／サム・ロバタ
協力／ライティング　ケン・ビリントン
　　　ペイントワーク　サーペンタインスタジオ
　　　サウンド　FENプロモーション
施工／コスモス　明治製作所

●カサブランカをイメージした白の空間
赤坂は，東京では大人の遊び場であり，接待や商用に
使われることが多い。表通りから少し奥まった場所にあ
るビルの地下1・2階を占めるこのディスコは，リニュ
ーアルによって地域にふさわしいハイクラスな遊び場へ
と変身した。
30〜40歳代の人々がディスコに寄り付かないのは，年
をとったからではなく，若者に占拠されてしまって居心
地が悪いからであり，フリードリンク制ではなくテーブル
チェック制を取り，落ち着いた雰囲気の中でライブ演奏
などの十分なサービスをすれば，新しい客層を開拓で
きるというのが企画の狙いであった。
デザインのコンセプトは，北アフリカのモロッコをイメー
ジしており，白いしっくいの壁面と連続するアーチがイス
ラム的な異邦人の世界を演出している。設計はニュー
ヨーク在住のフランス系アメリカ人，サム・ロバタが担当
した。

1. 地下1階の待合から見たダンスフロア
   B1F：View of the dancing floor

CAMELS
Akasaka, Tokyo, is a place for adults and
often used for entertainment and other busi-
ness purposes. This discotheque occupying
the first and second basements of a building
set back from a street has been remodeled
into a high-class amusement facility suitable
for the area.
People in their 30's and 40's keep away from
discos not because they feel their age but
because the places are occupied by younger
generations. The project is intended to gain
new customers by adopting a cover charge
system instead of a free-drink system and
providing good service, such as a live band,
in a tasteful atmosphere.
The design by New York-based French-
American Sam Lopata is based on images of
Morocco, with white plastered walls and
successive arches creating an Islamic flavor.

1

2

2. 地下2階の客席Bより客席A方向を見る
B2F : View of the dining A and B

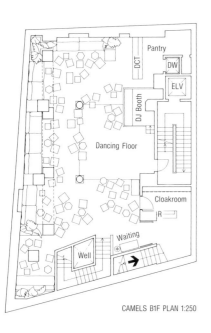

CAMELS B1F PLAN 1:250

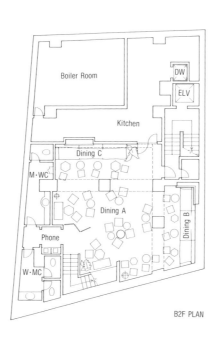

B2F PLAN

ジュリアナ トウキョー

東京都港区芝浦1丁目13-10 トウキョーポートボール1階

Disco JULIANA'S Tokyo

Shibaura Minato-ku Tokyo, Designer Lisa Der

企画／日商岩井
プロデュース／ジュリアナ・レジャー・グループ
設計／イマジマックス・デザイン・グループ
施工／東映インテイリア

1. 入り口ホールからブリッジごしに店内を見る
View of the bridge from the entrance hall

1

2

●有機的で伝統的なモチーフのパッチワーク
この店は単なるディスコではなく，社会的，風俗的な存在として日本中から注目され，旋風を巻きおこした。芝浦という東京のウオーターフロントに立地を選定したこと，大人のビジネスマン，ワーキングガールを対象に1200㎡という大面積を持つこと，レコード会社とタイアップしたメディアミックスの戦略など，理由は色々とあるが，最大のものは"お立ち台"とよばれるダンスフロアより一段高くなったステージに広い面積を割いていることで，この上で客の若い女性が羽根の付いた大きな扇を使いながら踊りを繰り広げる。
遊び好きの若い女性客にとって"お立ち台"で踊ることは，時代の最先端をいく気分になることであり，他の普通の客にとっては，居ながらにして時代の流行風俗を味わえるというわけだ。

このように風俗的な面ばかりが有名になったが，このディスコはボディソニックシステムや，英国直輸入のオペレーションによるDJなど新しい試みも数多く導入されている。

2. DJブース側から見たダンスフロア
   View of the dancing floor
3. ブリッジ側からバーエリアA方向を見る
   View of the bar area A from the bridge

JULIANA'S TOKYO
This discotheque drew sensational nation-wide attention and set the trend. There are several reasons for this: its location in Tokyo's waterfront of Shibaura, the 1200㎡ spacious floor, its media-mix strategy tying up with a record company and so forth. But the biggest reason is that a fair amount of space is devoted to raised stages called otachidai, or dancing podiums, on which young woman customers display their dances with big feathered fans in their hands. For them, dancing on the podiums is being at the forefront of the times. For the ordinary rest, that is a first-hand experience of the latest vogue.
Although it is these trendy aspects that have been the focus of attention, this disco has made several new technological attempts such as a DJ operation system imported from Britain and the Body Sonic system.

3

JULIANA'S TOKYO PLAN 1:500

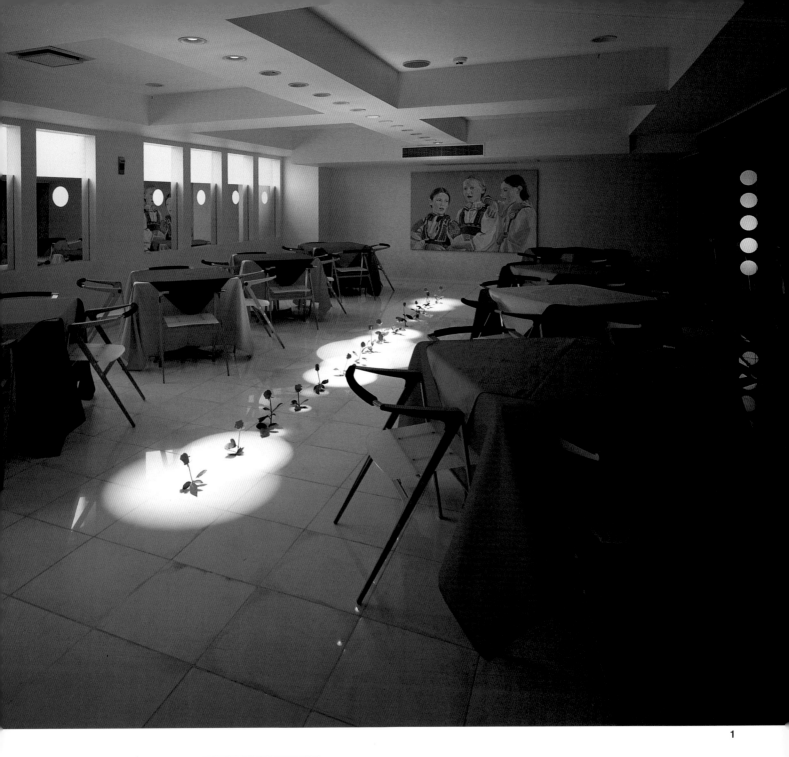

1

結婚式場ビルの床を抜いた5層のディスコ&ライブハウス

ヘヴン

大阪府大阪市浪速区難波中1丁目4-4　タカサゴビル5・6・8・9・屋上階

Disco & Live House HEAVEN

Nanba-naka Naniwa-ku　Osaka, Designer Yoshihiko Mamiya

プロデュース／日限萬里子　コンセプション（ディスコ）／スタイル　上原　啓
設計／インフィクス　間宮吉彦　協力／スタイリング　松原真由美
施工／ソーラ

1. 床に花を飾った9階・レストラン客席
   9F：Interior view of the restaurant
2. 吹き抜けごしに8階・ダンスフロアと9階・レストラン方向を見る
   9F：View of the well from the steel trussed frame

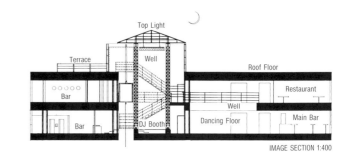

IMAGE SECTION 1:400

●鉄骨トラスの架構による力強い造形

難波は日本の西の玄関口となる予定の関西国際空港と大阪を結ぶアクセス地点で，ニーズに対応した24時間都市を目指して再開発計画が進んでいる。この複合施設は，既存の結婚式場ビルを改装したものであり，5・6階がライブハウス，8階がディスコ，9階がバー＆レストランというフロア構成になっている。

8階ダンスフロアとDJブースの上部は吹き抜けとなっており，その一部は9階を突き抜け，屋上のガラス張りとなった四角錐状のトップライトへと達する。このトップライト部分を支えているのが鉄骨トラスの架構で，その周囲には外部階段のような鉄骨製の階段が配されており，それらの力強い造形的な処理がデザインとして空間を特徴づけている。

ディスコを訪れた客は，8階のダンスフロアで踊るもよし，9階のレストランから吹き抜けを通して，踊っている人々を見ながら食事をするもよし，また窓側の席や屋上のテラスから都市の点滅する夜景を楽しむこともできるという，多彩な大都市のナイトレジャーを満喫することができる。

3. 鉄骨トラス組みの9階吹き抜け上部を見る
   9F：View of the well from the bar
4. ライブハウス上部の吹き抜けを6階より見る
   6F：View of the well from the cashier

4

HEAVEN

Namba is the approach to both Osaka and Kansai International Airport, which is expected to be a gateway to western Japan. It is now under redevelopment as a nightless city to satisfy the needs of the area. This facility complex, which was formerly a wedding hall, contains a live house on the fifth and sixth floors, a discotheque on the eighth floor and a bar-cum-restaurant on the ninth floor.

There is a wellhole provided above the dancing floor and DJ booth on the eighth floor, part of which penetrates the ninth floor to reach a pyramidal top light, which is supported by a trussed steel frame with a steel staircase around it. The formational vigor of these structures chracterizes the space.

There are various ways of having fun here: You can dance on the eighth floor, dine on the ninth floor looking down at the people dancing below, or you can just enjoy an urban night view from the terrace or a seat beside the window.

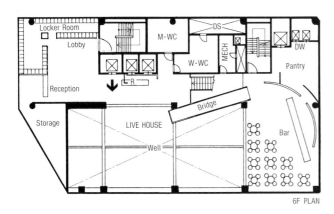

6F PLAN

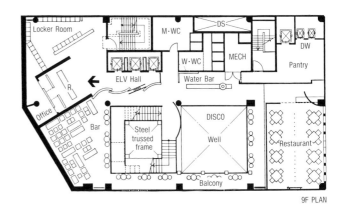

9F PLAN

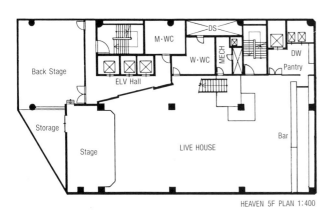

HEAVEN 5F PLAN 1:400

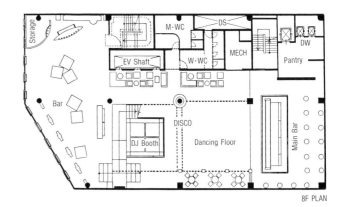

8F PLAN

ファッションデザイナーがデザインしたディスコ

ウォ・ナ・ダンス

東京都港区西麻布4丁目2-4 ザ・ウォール地下1・2階

Disco J Trip Bar WANNA DANCE

Nishi-azabu Minato-ku Tokyo, Designer Kohshin Satoh

1

デザイン／アーストンボラージュ　佐藤孝信
協力／実施設計　ディー・ブレーン　岩田　拓
施工／シティ開発　佐藤　茂　ディー・ブレーン　岩田　拓

1. 地下1階奥の階段からホール客席を見る
B1F：View of the hall area

●カラフルな布を効果的に使った改装

英国の建築家，ナイジェル・コーツが設計した東京・西麻布のザ・ウォールビル。その地下は会員制のディスコであったが，今回，ファッションデザイナーのデザインにより改装された。

ファッションが専門であることから，素材には布が使われ，大胆な原色の布がデザインのポイントになっている。ディスコの内部は照明が暗いことから，それらの布は腰壁より上の部分に配され，スポット照明に浮き上がって華やかな雰囲気を醸し出している。

2層の内部空間は，地下1階がロッカーとソファ客席，地下2階がダンスフロアとバー客席という構成で，ダンスフロアの上部が吹き抜けていることにより，上下の階は空間的につながっている。改装については構造や厨房などの設備は，そのままという部分的なものであったが，吹き抜けの手摺りに音符状のオブジェを配したり，階段室を鯨の骨のドームにしたりするなど，ディテールにも工夫をこらし，デザインに魅力を付加している。

2. ダンシングフロアよりDJブースとオブジェを見る
View of the DJ booth and the art object

WANNA DANCE

This private discotheque occupying the basements of The Wall, a building in Nishi Azabu, Tokyo, designed by British architect Nigel Coates, has gone through remodeling by a fashion designer.

Pieces of cloth in bold primary colors have been employed to embellish the space. They are hung above the waist level due to dim lighting in the disco and spotlighted to create a gorgeous atmosphere. The first basement is provided with a locker room and a seating area with sofas. The second basement is occupied by a dancing floor and a bar.

The two levels are connected by a wellhole above the dancing floor. The renovation has been partial in that the overall organization and some of the facilities such as the kitchen remain as they were. But a considerable amount of effort went to details such as the handrails of the wellhole ornamented with art objects in the forms of musical notes and the whalebone dome which constitutes the stairwell.

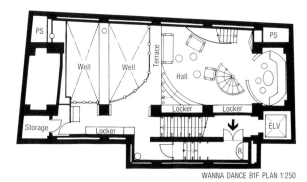

WANNA DANCE B1F PLAN 1:250

B2F PLAN

1

企画／サイプランニング　鈴木修司
設計／サイプランニング　市橋良予
協力／スチールアート　アップセットファクトリー
施工／サイプランニング・プロジェクト・チーム

録音スタジオを併設した情報発信型ディスコ

イエロー

東京都港区西麻布1丁目10-11 セソーラス西麻布地下1・2階

Live Disco YELLOW

Nishi-azabu Minata-ku Tokyo, Producer Shuji Suzuki

1. 地下2階のダンシングフロアより見た階段まわり
B2F：View of the staircase
2. 地下2階のダンシングフロアよりバー・カオスを見る
B2F：View of the bar from the dancing floor

●近未来世紀のメガロポリス

東京・西麻布の奥まった場所にあるビルの地下にこのライブディスコはある。企画の特徴としては，単なるディスコではなく，ダンスミュージックを中心としたライブのイベントスペースを兼ねていること，オリジナルの曲を発信するために本格的な録音スタジオを持っていることが挙げられる。店名のイエローとは，欧米からの輸入音楽ではなく，日本人自身の音楽を作り出す場所という意味でネーミングされた。

デザインのテーマは，映画・ブレードランナーやターミネーターに登場する近未来世紀におけるメガロポリスで，その象徴として人間を破壊する巨大なロボットの顔がダンスフロアとバーを区切る壁面になっている。他の部分は工場のように無機質でシンプルな空間構成であるが，ムービングライト，スピナー，ブラックライト，ストロボなどの特殊照明がふんだんに駆使され，最高の機材を使った音響設備とともに未来的な雰囲気を表現している。

3. 地下1階のスタジオ側より見た吹き抜けまわり
View of the well from the B1 floor
4. ダンシングフロアを彩る特殊照明の演出
Lighting of the dancing floor

YELLOW

This live disco is situated in the basement of a building in a secluded part of Nishi Azabu, Tokyo. It is available as a live house for dance music as well as an ordinary disco and equipped with a full-scale recording studio to create and promote original music. The name Yellow has been given to the place in the hope that it will produce original Japanese music which is not the imitation of the one imported from the West.

The theme of the design is a megalopolis in the near future, like the ones in "Blade Runner" and "The Terminator." This theme is symbolized by the face of a huge robot destroying humankind which functions as a wall to partition off the bar from the dancing floor. Other parts of the space are organized in a simple and artificial factory-like fashion. Special lighting devices such as moving lights, spinners, black lights and strobes are employed, which complement the hi-tech audio system in creating a futuristic ambience.

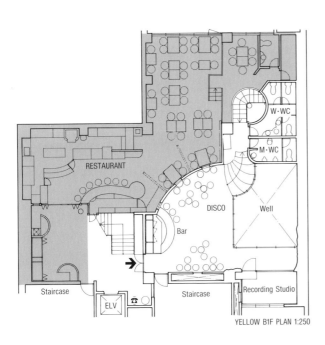

YELLOW B1F PLAN 1:250

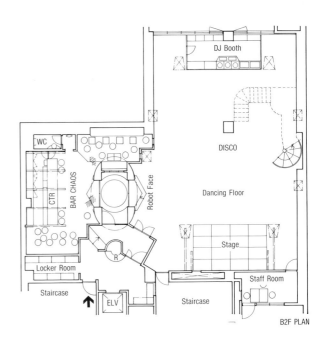

B2F PLAN

ティワイオゥ（TYO）

東京都目黒区自由が丘1丁目10-4　マイリッチビル地下1階

Discotheque TYO

Jiyugaoka Meguro-ku Tokyo, Designer Toyohiko Muto

1

総合プロデュース／エム・ディー　武藤豊彦　プロデュース／マインド　北條弘一
設計／エム・ディー　ライティングデザイン／海藤春樹
グラフィック／エヌ・アイ・ディー　井上信夫
アートワーク／オブジェ　吉谷博光　アートパネル　飯村悦男
施工／トライ

1. ダンシングフロアの天井オブジェを見上げる
Art object of the dancing floor

●天井の低さを光の乱反射で逆に生かす

自由が丘は東京の山の手であり,商店街のすぐ背後には高級住宅街が広がる。学生や若者たちが集まるわりには,比較的,上品な雰囲気の街で,ショッピングのための店は多いが,ディスコができたのは初めてである。駅に隣接したビルの地下に位置するこの店はレストランバーを改装したものであり,天井高が低いのが欠点であった。デザインのコンセプトは地域のイメージから,水,オアシス,太陽といったエコロジックなものが採用され,入り口に続くロッカールームが水を,バーコーナーがオアシスを,そしてダンスフロアが太陽を表現している。

天井の低さをカバーするため,ダンスフロアには無数のミラーボールが吊り下げられ,その間を大蛇のような彫刻オブジェが這う。客は天井の低さよりも,ミラーボールから反射されるキラキラした光の洪水に目を奪われ,また,壁の鏡オブジェに乱反射する照明に酔いながらダンスを楽しみ,一刻の時間を過ごすのである。

2. 水をイメージしたロッカールーム
Whole view of the locker room

TYO

Jiyugaoka is in uptown Tokyo and has a high-class residential zone spreading just behind the shopping streets. The atmosphere of the town is relatively smart despite students and other young people flocking there. It has many shopping establishments but this is the first discotheque.

A product of a renovation of a restaurant-bar situated in the basement of a building adjoining the station, it has a drawback of having a low ceiling. The concept of the design is ecological and fits the image of the town: water, an oasis and the sun. The locker room just inside the entrance represents water, the bar an oasis, and the dancing floor the sun.

In order to make up for the low ceiling, innumerable mirror balls are hung over the dancing floor, through which an anaconda-like carved art object meanders. Customers' attention is diverted from the lowness of the ceiling when they are dazzled by a flood of flashing light from the mirror balls and intoxicated by its diffusing reflections on mirror art objects on the walls.

2

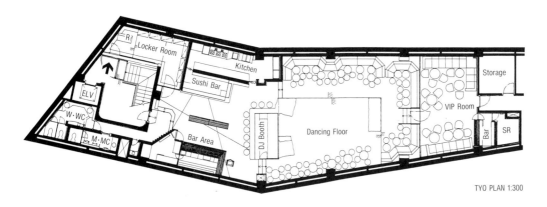

TYO PLAN 1:300

ダイニングバー&居酒屋

北倶楽部・データ(6P)

設計協力：構造／坪井善隆研究室　坪井善隆
設備／JET企画設計　安積澄雄　内装総括監
理／ジャスマック　西林勝義　竹内正実　壁画
制作／レオポルト・コキサ
工事種別：一戸建て　新築
用途地域地区：商業地域　防火地域
建ぺい率：制限100％＞実効80.9％
容積率：制限600％＞実効289.4％
構造と規模：RC造　地下2階　地上2階建て
敷地面積：584.48㎡　建築面積：473.03㎡
床面積：地下2階490.49㎡　地下1階402.32㎡
1階441.53㎡　2階357.29㎡　合計1691.63㎡
工期(建築を含む)：1989年9月中旬～1990年7
月13日　総工費：40億円
●営業内容
開店：1990年7月17日
定休日：なし　☎(011)513-3300
経営者：㈱ジャスマック
運営：㈱ジャスマック　オペレーション　システ
ム　岡田栄一
従業員：サービス40人　厨房12人
パート・アルバイト常時15人　合計67人
(地下1・2階／アコンカグア)
営業時間：午後7時～深夜
客席数：地下2階／71席　地下1階／74席
客単価：地下2階／5000円　地下1階／1万円
客回転数：平日1回　金曜1.8回　土曜1.5回
主なメニューと単価：アドミッション／地下2
階3000(地下1階とも入店可)
ウイスキー／ワンショット800～
(1・2階／ムーン・スーン)
営業時間：1階／午前11時30分～午前3時　2
階／午後6時～午前3時(日曜・祭日は午前0時
まで)　客席数：1階／44席　2階／70席
客単価：1階／8000円　2階／4000円
客回転数：平日0.8回　土・日曜1.6回
主なメニューと単価：オッソブーコ・リゾット
添え2300　牛の胃袋の煮込みフィレンツェ風
1600　カジキマグロのペーストソース1600
1階／ワイン2300～　サービスフィー10％
2階／チャージ1000　カクテル700～
●主な仕上げ材料
屋根：アルミ亜鉛合金メッキ鋼板t0.4(ガルバ
リウム鋼板／大同鋼板)　一文字葺き
外壁：コンクリート打ち放し　石灰岩貼り(西
ドイツ産ライムストーン)　スチールサッシュ
亜鉛メッキウレタン塗装
外部床：御影石貼りバーナー仕上げ(マホガニ
ーレッド)
サイン：ステンレス鏡面仕上げネオン管内蔵
(地下1・2階／アコンカグア)
床：大理石貼り水磨き　ダンスフロア／液晶ガ
ラス＋強化ガラス　特殊照明内蔵
壁：大理石水磨き　一部パターン貼り
天井：スチール板ルーバー錆仕上げ　波形ステ
ンレス鏡面仕上げ　スチールメラミン焼き付け
(1・2階／ムーン・スーン)
床：1階／シリコン・マイカ(雲母)入りテラゾ
現場研ぎ出し　2階／テラゾタイル貼り900角
壁：1階／クラッシュガラスフロスト加工照明

内蔵　ステンレス板スチールウール掛け　2階
／PBt12下地寒冷紗パテ下地ウレタン塗装
スチールルーバーメラミン焼き付け
天井：PBt12　下地寒冷紗パテ下地AEP　一
部FRP
家具：オリジナルチェア(ザハ・ハディド)
●撮影：安達　治('90年9月号)

キササ・データ(P12)

工事種別：内装のみ　全面改装
床面積：305㎡(うち厨房30㎡)
工期：1991年3月8日～4月13日
総工費：1億1000万円
解体撤去費600万円　内装造作費3900万円
空調設備費1700万円　給排水衛生設備費900万
円　電気設備費500万円　照明器具費700万円
家具・什器費2500万円　諸経費200万円
●営業内容
開店：1991年4月29日
営業時間：午後6時～午前4時
定休日：なし　電話：(06)211-2162
経営者：オサダパシフィックサービス㈱
従業員：サービス5人　厨房7人　パート・ア
ルバイト常時20人　合計32人　客席数：140席
客単価：4500円　客回転数：1.5回
主なメニューと単価：アフリカ料理1000～
チッポロットと唐辛子のパスタ1500　サルジニ
ア風リゾット1500　キササオリジナルピッツァ
1300　ビール700～800　ウイスキー900～1300
カクテル900～1000　デザートカクテル800～
2000
●主な仕上げ材料
床：タイルパターン貼り(黒，白)　キササクラ
ブ／カーペット貼り
壁：タイルパターン貼り(黒，白)　古鉄板貼り
キササクラブ／鏡面塗装仕上げ突き板貼り　外
国製ストライプ模様布地貼り　通路／黒モルタ
ル金ゴテ凹凸仕上げの上に螢光塗料模様塗り
天井：既存天井塗装仕上げ(ダークグレー)　キ
ササクラブ／クロス貼り(ライトグレー)
家具：松材ノミ削り出し黒塗装　キササクラブ
／サンパン(カッシーナジャパン)に外国産スト
ライプ模様布地貼り　テーブル・鏡面塗装突き
板
●撮影：白鳥美雄('92年2月号)

タブロウズ・データ(P15)

工事種別：内装のみ　新築
床面積：370.0㎡(うち厨房／99.6㎡)
工期：1992年7月10日～9月15日
●営業内容
開店：1992年10月3日
営業時間：ランチ／午前11時30分～午後2時
ディナー／午後5時30分～午後10時30分　バー
ラウンジ／午後11時30分～午前2時
定休日：なし　電話：(03)5489-2201
経営者：長谷川実業㈱
従業員：サービス7人　厨房9人　アルバイト
41人　計57人
客席数：ダイニング／85席　バー／45席
客単価：ダイニング／7500円　バー／2000円
主なメニューと単価：オリエンタルサラダ900
本日のポタージュ700　ブイヤベース2800
小鴨のローストココナッツ風味2800　ギネス

800　グラスワイン(白)800，850(赤)950
●主な仕上げ材料
床：バーコーナー／モルタル下地テラゾ研ぎ出
し(3色)真鍮目地棒　レストラン／ナラ材フロ
ーリング(赤)およびカリン材フローリング(黒)
染色ウレタン仕上げ　真鍮目地棒
壁：PBt12下地プラスター塗りt5の上に金銀
粉入り水性クリア塗装CL　一部アート壁画ま
たはモルタル下地アートミラー貼り
天井：モルタル下地プラスター塗りt5の上に
金銀粉入り水性クリア塗装CL
照明器具：イタリア製シャンデリア
●撮影：鈴木　光('92年12月号)

パールバー・データ(P18)

工事種別：内装のみ　全面改装
床面積：136.1㎡(うち厨房14.9㎡)
工期：1991年9月1日～10月1日
●営業内容
開店：1991年10月5日
営業時間：午後6時～午前4時(日曜は午前0
時まで)
定休日：なし　電話：(03)3354-7577
経営者：㈱OHC
従業員：サービス3人　厨房2人　パート・ア
ルバイト常時8人　合計13人　客席数：76席
客単価：4500円　客回転数：1回
主なメニューと単価：オードブル700～1200
魚料理ディナー2000　肉料理ディナー2500
チーズ(3種類チョイス)1400　カクテル900～
シングルモルト(S)1400～　マール1000
●主な仕上げ材料
床：黒御影石荒仕上げオイルフィニッシュ　一
部タイル貼り
壁：アートワーク　一部黒御影石荒仕上げオイ
ルフィニッシュ　パーティション／透明アクリ
ル
天井：スケルトン天井　一部アルミプレート吊
り3　梁形／モルタル木ゴテ下地AEP
家具：テーブル／黒御影石本磨き　カウンター
／ミズメ材t70拭き漆仕上げ
●撮影：鳴瀬　亨('92年8月号)

花&夢シラカワ・データ(P21)

工事種別：一戸建て　新築
用途地域地区：商業地域　京都市伝統的建造物
群保存地区　美観地域第一種地区　工作物規制
地域第一種地区　第5種高度地区　防火指定な
し
建ぺい率：制限80％＞実効78.5％
容積率：制限400％＞実効224.7％
構造と規模：RC造　地下1階　地上2階建て
敷地面積：91.60㎡　建築面積：71.91㎡
床面積：地下1階66.77㎡　1階70.44㎡　2階
68.62㎡(ネクサス-Ⅱ予定)　合計205.83㎡
〈地下1階「花シラカワ」データ〉
工事種別：内装のみ　新築
床面積：42.72㎡(うち厨房5.00㎡)
工期：1990年5月24日～10月15日
●営業内容
開店：1990年10月29日
営業時間：午後6時30分～午前0時
定休日：日曜・祭日　電話：(075)525-0766
経営者：大森産業㈱　大森敬豪

従業員：サービス1人　厨房2人　パート・ア
ルバイト常時2人　合計5人　客席数：14席
客単価：8000円～1万円　客回転数：2回
主なメニューと単価：エスカルゴとセップのブ
ルゴーニュ風1800　牛フィレ肉のステーキグラ
ンヴェール風4000　活平目のグリエプロバンス
風4500　ビール1000　フレンチワイン／M2400
L4000
●主な仕上げ材料
外壁：亜鉛メッキ鉄板t1曲げ加工の上に透明
塗料吹き付け(横ライン現場吹き付け)一部RC
打ち放し面に金箔貼り(ストライプ模様)
外部床：鉛シートt3プレス加工複合板t30貼り
(段部とも　段部ノンスリップ刻印)
サイン：真鍮切り文字金箔貼り
床：合板t12下地鉛シートt3プレス加工複合板
t30貼り目地Ⅴ形カット
幅木：床と同材　H100
壁・天井：亜鉛メッキ鉄板t1曲げ加工の上に透
明塗料吹き付け(横ライン現場吹き付け)
照明器具：間接照明天井埋め込み
イス：メリタリア社(イタリア)
カウンター：マホガニーCL　真鍮目地t5
一部真鍮t5磨き仕上げ　腰／鉛シート貼りt3
〈1階「夢シラカワ」データ〉
工事種別：内装のみ　新築
床面積：44.35㎡(うち厨房は5.27㎡)
工期：1990年5月24日～10月15日
●営業内容
開店：1990年10月29日
営業時間：午後7時30分～午前0時
定休日：日曜・祭日　電話：(075)525-0777
経営者：大森産業㈱　大森敬豪
従業員：サービス6人　厨房1人　合計7人
客席数：20席　客単価：1万円～1万5000円
客回転数：2回
主なメニューと単価：チョコレート1000　フル
ーツ盛り合わせ2000　シーバスリーガル12年1
万5000(ボトル)　マーテルVSOP2万5000
(ボトル)
●主な仕上げ材料
外壁：スチールフレーム色シックイ塗り　金箔
入り合わせガラス(色ガラスt12＋透明ガラス
t12)自動ドア
外部床：鉛シートt3プレス加工複合板t30貼り
(段部ノンスリップ刻印)
サイン：真鍮切り文字金箔貼り
床：粗面タイプ大理石パターン貼り(トラカイ
ト)
幅木：スチール黒皮CL　H15
壁：PBt12下地色シックイ塗り　金箔貼り底
目地切り一部メタルメッシュ貼り
天井：パンチングメタルt1照明器具内蔵
イス：メリタリア社(イタリア)
カウンター：マホガニーCL
●撮影：藤原　弘('91年1月号)

雪月花・データ(P24)

工事種別：ファサードと内装　部分改装
床面積：エントランス&エントランスホール／
72㎡　雪／83㎡(うち厨房28㎡)　茶室／11㎡
合計166㎡
工期：1992年3月5日～4月30日
●営業内容

作品データ

開店：1992年5月1日
営業時間：昼／午前11時30分〜午後2時　夜／午後5時30分〜11時　バー午後5時30分〜午前2時　定休日：日曜日　電話：(03)3770-2261
経営者：後藤守男
従業員：サービス8人　厨房13人　パート・アルバイト常時2人　合計23人
客席数：雪23席　月50席　花22席　合計95席
客単価：雪1万円　月5000円　花3500円
客回転数：1回
主なメニューと単価：雪／昼2000〜　夜7000〜　月／昼1000〜　夜・一品600〜　花／ワンショット700〜
●主な仕上げ材料
アプローチ：スチール角パイプ組みボンデ鋼板t1.6下地ネオプレイン粒子入り塗材吹き付け塗装（ネクステル〈純白〉／住友スリーエム）
床：木軸組みコンパネ下地ホワイトアッシュ材ムク白染色ウレタン塗装（坂本乙造商店）　一部モルタル金ゴテ下地寒冷紗白石洗い出し　玄昌石水磨き仕上げ
壁＆天井：軽鉄組みPBt12下地目地寒冷紗パテしごきナプコホワイト吹き付け塗装　一部ヒノキ練り付け合板貼りw200　クリアウレタン全ツヤ消し塗装
個室・床：木軸組みコンパネ（床暖房）下地ヒノキ材ムク柾目フローリング貼りw200クリアウレタンツヤ消し塗装
個室・壁＆天井：スチール角パイプ組みボンデ鋼板t1.6下地ネクステル吹き付け塗装
光り壁：シナ合板下地和紙貼り
バーカウンター：天板／米ヒバ材ムクt60クリアウレタン塗装　立ち上がり／ヒノキ練り付け合板貼りw200
カウンタースツール：イタヤ練り付け合板フラッシュCLツヤ消し　座／ウレタンクッション張地カバー／キャンバス地（白）
個室テーブル：ナラ材ムク柾目CLツヤ消し
●撮影：白鳥美雄（'92年7月号）

イル ヴィネイト・データ（P28）

工事種別：一戸建て　新築
用途地域別：近隣商業地域
建ぺい率：制限80%＞実効70.98%
容積率：制限200%＞実効199.5%
構造と規模：RC造　地上4階建て
敷地面積：71.04㎡　建築面積：50.43㎡
床面積：1階48.38㎡　2階48.57㎡（うち厨房12㎡）　3階18.02㎡　4階26.75㎡　合計141.72㎡
工期：1991年12月15日〜1992年7月14日
●営業内容
開店：1992年7月15日
営業時間：午前11時30分〜午前0時
定休日：なし　電話：(0427)66-1188
経営者：有リカーズスペシャリスト東屋　座間勇　座席数：50席
従業員：サービス3人　厨房3人　合計6人
客単価：3000円　客回転数：1.5回
主なメニューと単価：ランチ850〜980（コーヒーor紅茶つき）　マゴール880　イタリア産生ハム1300　きまぐれサラダ1500　ボンゴレビアンコ1100　ペスカトーレロッソ1480　輸入ビール80種400〜2200　オリジナル生ビール・グラス

400　ワイン・グラス280〜2000　ボトル1300〜6万　日本酒・1合480〜1200
●主な仕上げ材料
屋根：コンクリート下地アスファルト防水3層
外壁：コンクリート打ち放し　スチールパネルフッ素樹脂塗装化粧板貼り（西田工業）玄昌石貼り400角（エルデパージ）
床：1階／エントランスホール＆2階客席・大理石貼り600角（AV／エルデパージ）　階段室／砂岩貼り400角（Y／エルデパージ）　4階パーティールーム／赤松材ムクフローリングOS拭き取り（インターリビング）
壁：1・2階／コンクリート打ち放し　階段室・パーティルーム／腐食鋼板化粧貼り（錆吉／西田工業）
天井：コンクリート打ち放し　カラーモルタル掻き落とし
家具：2階カウンター／トップ・御影石t25テーパー加工　木製カウンター・松ムク材（渡辺建設工業・佐野装備）
●撮影：ナカサ＆パートナーズ（'92年11月号）

ハーフタイム・データ（P32）

工事種別：ファサードと内装　全面改装
床面積：232.83㎡（うち厨房22.80㎡）
工期：1991年8月1日〜9月24日
●営業内容
開店：1991年9月26日
営業時間：午後5時〜午後11時30分
定休日：日曜・祭日　電話：(03)3561-7223
経営者：㈱トキワ　大木喜晶
従業員：サービス2人　厨房5人　パート・アルバイト常時10人　合計17人　客席数：81席
客単価：3400円　客回転数：2回
主なメニューと単価：スペアリブ1000　海の幸のリゾット1200　骨付きリブのソーセージソテー1100　ドラフトビール500　カクテル850　ウイスキーボトル4000〜7000
●主な仕上げ材料
床：均しモルタル下地御影石t20本磨き　砂利固め模様練り込み
幅木：ラワン材OP
壁：PBt12下地AEP吹き付け　PBt12下地カバ材突き板シート貼りCL（サンフット／高島）
天井：モルタル木ゴテ下地VP　PBt12下地AEP
家具：フォームラバー皮革貼り
スクリーン：ステンレスHL　木端磨き仕上げ
●撮影：冨田治（'92年2月号）

サイ・データ（P35）

工事種別：ファサードと内装　新築
床面積：地下2階114.68㎡（うち厨房17.66㎡）　地下1階82.02㎡（うち厨房45.09㎡）　合計196.70㎡（うち厨房45.09㎡）
工期：1990年11月1日〜12月14日
●営業内容
開店：1991年1月8日
営業時間：午後5時〜午後11時（地下1階バーは午前2時まで）
定休日：日曜日　電話：(03)3498-5020
経営者：㈱栗弥呼　運営者：㈱ビー・オブ
従業員：厨房1人　サービス4人　パート・ア

ルバイト常時8人　合計13人
客席数：地下2階48席　地下1階20席　合計68席　客単価：4000円　客回転数：1回
主なメニューと単価：ペッパーチキンソテー700　ソーセージとポテト800　豚肉酒しゃぶ1200　牛たたきと切り昆布1200　平目とほうれん草1200　本日のパスタ1200　ハイネケン生700　I.W.ハーパー（ボトル）7000　グラスワイン600〜　ハウスワイン3500〜　カクテル700均一
●主な仕上げ材料
サイン：スチール切り抜き文字アクリル板（照明内蔵）
床：地下2階／モルタル金ゴテエポキシ樹脂コーティング　同心円寒水埋め込み　地下1階／黒御影石ジェットバーナー仕上げ　階段／タモ集成材ウレタン塗装
壁：PBt12下地砂入りスタッコシゴキ（スタッコ・アンティコ／エバーファースト）　黒御影石ジェットバーナー仕上げ　吹き抜け部／タモ材練り付け　環／スチールネオプレイン粒子入りツヤ消し塗装（ネクステル／住友スリーエム）
天井：PBt12下地EP　環／スチールネクステル塗装
照明器具：間接照明（ミニクリプトン球）
バーカウンター：タモ集成材ウレタン塗装　腰／黒御影石ジェットバーナー仕上げ
円形テーブル：タモ集成材ウレタン塗装　脚・スチールクロームメッキ
イス：地下2階／タモ集成材ウレタン塗装　脚・スチールクロームメッキ　地下1階／インターデコール
●撮影：ナカサ＆パートナーズ（'91年3月号）

ボナセーラ・データ（P38）

工事種別：一戸建て　新築
用途地域地区：第2種住居専用地域
建ぺい率：制限60%＞実効44.2%
容積率：制限200%＞実効63.9%
構造と規模：S造　地上2階建て
敷地面積：628.86㎡　建築面積：278.17㎡
床面積：1階220.0㎡（うち厨房47.6㎡）　2階182.13㎡　合計402.13㎡
工期：1989年12月1日〜1990年5月30日
●営業内容
開店：1990年5月30日
営業時間：午後5時〜午前2時
定休日：月曜日　経営者：中山伸二
従業員：サービス3人　厨房2人　合計5人
客単価：120円
客単価：2500円　客回転数：1.5回
主なメニューと単価：スペイン風ポテトオムレツ700　ホタテ貝と海草の洋風わさびソース添え900　ズワイガニ冷製オレンジソース1200　ビール500　カフェアレキサンダー800　フローズンピーチダイキリ900
●主な仕上げ材料
屋根：コンパネt12アスファルトルーフィング22kg下地アルミ亜鉛合金メッキ鋼板t0.4（ガルバリウム鋼板／大同鋼板）　瓦棒葺き
外壁：押し出し成型セメント板t60（アスロック／ノザワ）　アルミパンチングプレートt2.0
外部床：玄昌石貼り　コンクリート金ごて
サイン：ステンレスt3 HLレーザー切り抜き
床：1階／コンクリート金ごて　一部豆砂利洗

い出し　2階／ナラ材フローリングt15
壁：アスロックt60　スチールパンチングプレートt2亜鉛メッキ仕上げ
天井：1階／デッキプレートOP　テント地吊り下げ　2階／寒冷紗パテしごきAEP
家具：1階テーブル甲板／タペストリーガラスt10　2階テーブル甲板／ナラ柾目突き板貼り分け　2階イス／ウレタン貼り　フレーム・スチールちぢみ塗装
●撮影：加斗タカオ（'91年5月号）

スパム・データ（P42）

工事種別：ファサードと内装　全面改装
床面積：120㎡（うち厨房31㎡）
工期：1989年2月13日〜3月18日
総工費：3960万円
解体撤去費100万円　ファサード150万円　サイン40万円　内装造作費2000万円　空調設備費300万円　厨房設備費270万円　給排水衛生設備費140万円　電気設備費130万円　照明器具費150万円　家具・什器費250万円　音響設備費30万円　その他400万円
●営業内容
開店：1989年3月24日
営業時間：午後6時〜午前3時（日曜は午前0時）　定休日：なし　電話：(052)251-3456
経営者：伊藤真佐和
従業員：サービス3人　厨房2人　パート・アルバイト常時1人　合計6人　客席数：35人
客単価：3500円　客回転数：2回
主なメニューと単価：牛刺し1600　大根サラダ800　若鳥の香り揚げ1200　カボチャのプリン600　カクテル各種700〜　I.W.ハーパー（ボトル）4700　ジャックダニエル黒（ボトル）8000　ビール700〜
●主な仕上げ材料
外壁：コンクリート打ち放し　造作回転扉／透明ガラスt5
外部床：小砂利舗装材（パークコートストーン／ABC商会）
サイン：ネオンサイン
床：モルタル金ゴテ下地エポキシ樹脂系塗り床材（ケミクリート／ABC商会）　パークコートストーン　ナラフローリング染色ウレタン
壁：コンクリート打ち放し　PBt12下地EP塗装　ラスボード下地しっくい塗り　軽鉄組みPBt12下地EP塗装
天井：PBt12EP塗装
カウンター：カリン材ポリウレタン塗装　カリン合板OSCL
●撮影：加斗タカオ（'90年2月号）

イルーズ・データ（P45）

工事種別：ファサードと内装　新築
床面積：163.22㎡（うち厨房22.00㎡）
工期：1989年4月15日〜6月30日
総工費：7330万円
ファサード100万円　サイン80万円　内装造作費3700万円　空調設備費380万円　厨房設備費500万円　給排水衛生設備費360万円　電気設備費240万円　照明器具費260万円　家具・什器費810万円　音響設備費600万円　その他300万円
●営業内容

開店：1989年7月5日
営業時間：午後6時〜午前3時
定休日：第3月曜日　電話：(052)262-4664
経営者：㈱メルス　浅井 憲二
従業員：サービス2人　厨房3人　パート・アルバイト常時2人　合計7人　客席数：72席
客単価：3500円　客回転数：1.5回
主なメニューと単価：生ビール500　サイドカー950　ドライマティーニ900　モスコミュール800　グラスワイン700〜800　ウイスキー600〜　キノコサラダ800　車海老のチリソース1800　牛ヒレカツレツトマトソース1800　ファルシュデール(ポテトのお好み焼)800
●主な仕上げ材料
床：大理石貼り本磨きt28　木軸組みアピトン積層材オイル拭き　ガラスモザイクタイル貼り(ペトロパル/エバーファースト)　強化リノリウム床材貼り300角(アロマナチュール/アドヴァン)
幅木：大理石貼り本磨きH300　アピトン積層材貼りH25ウレタン塗装
壁：しっくい金ゴテ仕上げ　レンガ積み古色仕上げ　ドーム内部/しっくい金ゴテ染色塗装　ドーム外部/黒しっくい金ゴテ
天井：躯体天井の上に吸音材吹き付け(黒)
レジカウンター&立ち飲みカウンター：天板/大理石本磨き　腰/くるみ練り付け合板ウレタン塗装
●撮影：加斗タカオ('90年2月号)

シラノ・データ(P48)
工事種別：内装のみ　新築
床面積：675㎡(うち厨房103㎡)
工期：1990年1月20日〜4月15日
●営業内容
開店：1990年6月14日
営業時間：午後5時〜午後11時
定休日：なし　電話：(06)351-9173
経営者：㈱ケイ・ツー・コーポレーション
従業員：サービス4人　厨房7人　パート・アルバイト常時35人　合計46人　客席数：250席
客単価：3500円　客回転数：1回
主なメニューと単価：キングサーモンのマリネ800　自家製ハム700　カニ爪のフライ600　クロックムッシュー650　生ビール(中)500　バドワイザー(生)460　グラスワイン500　全ドリンク類127種類
●主な仕上げ材料
床：モルタル金ゴテ仕上げ　黒御影石ジェットバーナー　ブナフローリング　アルミ板HLタイル貼り
壁：スチール黒皮仕上げリベット止め　ネオプレイン粒子入りツヤ消し塗装(ネクステル/住友スリーエム)　モルタルVP吹き付け　セメント系薄塗り仕上げ材(ファインオールデコ/日丸産業)
天井：モルタルVP吹き付け　PBVP
テーブル：トチムク材オイルフィニッシュ　アルミt1.6アルマイト加工
●撮影：ナカサ&パートナーズ('90年8月号)

シラノ・データ(P52)
工事種別：内装のみ　新築
床面積：320㎡(うち厨房80㎡)

工期：1989年12月1日〜1990年2月15日
総工費：1億3000万円
●営業内容
開店：1990年3月3日
営業時間：午前11時30分〜午後3時　午後5時〜午後11時30分
定休日：なし　電話：(03)5562-9807
経営者：㈱キリンフードサービス
従業員：サービス3人　厨房4人　パート・アルバイトのべ53人　合計のべ60人
客席数：134席
客単価：3000円　客回転数：2回
主なメニューと単価：ランチ各種1000　チップス盛り合わせ800　カナッペ取り揃え900　つぶ貝のブリゴーニュ風1600　サーロインのミルフィーユ2000　ドラフトビール(15種)各500　ビア・カクテル800
●主な仕上げ材料
床：強化リノリウム床材(アロマ・ナチュール/アドヴァン)
幅木：スチールレザートーン塗装
壁：PBt9下地アクリル樹脂系塗材金ゴテ仕上げ(エポカ/エバーファースト)　アンティークミラー貼り　クリアミラー貼り　銅粉吹き付け塗装　パーティクルボード染色クリアウレタン塗装　柱/コンクリート躯体エポカ金ゴテ仕上げ
天井：軽鉄組みPBt9下地AEPローラー仕上げ　水性ペイント紋様
照明器具：ポリカーボネイト板サンドブラストフレーム/スチールメタリック塗装
テーブル：トップ/パーティクルボード染色CL　脚部/ステンレスHL　スチールレザートーン塗装
サービスワゴン：パーティクルボード染色CL
●撮影：ナカサ&パートナーズ('90年5月号)

フォルム・データ(P55)
工事種別：ファサードと内装　全面改装
床面積：232㎡(うち厨房31㎡)
工期：1989年7月1日〜10月10日
総工費：4460万円
解体撤去費150万円　ファサード300万円　サイン80万円　内装造作費1700万円　空調設備費540万円　厨房設備費500万円　給排水衛生設備費330万円　電気設備費200万円　照明器具費90万円　家具・什器費550万円　音響設備費20万円
●営業内容
開店：1989年10月11日
営業時間：午前10時〜午後11時　経営者：㈱誠和
定休日：日曜・祭日　電話：(03)3364-2123
従業員：サービス2人　厨房4人　パート・アルバイト常時2人　合計8人　客席数：100席
客単価：1660円　客回転数：2.2回
主なメニューと単価：スペアリブのグリル800　ハンバーグステーキフォルム風800　ランチ750　米沢牛ヒレのさいころステーキ2500　コーヒー350　ウイスキー(S)400〜700
●主な仕上げ材料
外壁：モルタル下地モザイクタイル貼り　手摺り/スチールパイプφ90OP
サイン：スチールパネルメラミン焼き付けシルクスクリーン

床：モルタル金ゴテ仕上げ真鍮目地埋め込みウレタン塗装(クリア)
壁：PBt12下地VP　一部壁画イラストスクリーン/真鍮ブラッシング仕上げ
天井：躯体コンクリートVP
照明器具：直付けタイプダウンライト(遠藤照明)　スポットライト+布張り
家具：カウンター&テーブル甲板/ホワイトオーク着色ウレタン塗装
●撮影：鳴瀬 亨('90年5月号)

マドモアゼル・データ(P58)
工事種別：内装のみ　全面改装
床面積：130㎡(うち厨房20㎡)
工期：1990年3月13日〜5月15日
●営業内容
開店：1990年5月17日
営業時間：午後5時〜午後11時
定休日：日曜・祭日　電話：(06)271-8569
経営者：マドモアゼル　森 孝弘
従業員：サービス1人　厨房1人　パート・アルバイト常時9人　合計11人　客席数：80席
客単価：2000円　客回転数：1.2回
主なメニューと単価：焼鳥200　トーフステーキ250　鳥の唐揚300　串かつ380　和風ステーキ470　生ビール(中)350　梅酒サワー280　ワイン350　地酒380より
●主な仕上げ材料
外壁：スチールプレートフッソ樹脂焼き付け塗装　透明強化ガラスドアt12
外床：黒御影石ジェットバーナー仕上げ
床：塩ビタイル貼り分け(モンドマーク/エルエスアイ)
壁：特殊効果プラスター木ゴテ押さえAEP(YNプラスター/吉野石膏)
天井：PBt12ジョイントレス工法下地EP　架構/桧材着色CL　アルミプレート電解着色ワイヤー吊り
テーブル：ウォルナット材ムクオイルフィニッシュ
●撮影：山田誠良('91年3月号)

アイガイ・データ(P61)
工事種別：ファサードと内装　全面改装
床面積：58.16㎡(うち厨房12.0㎡)
工期：1990年9月21日〜10月15日
●営業内容
開店：1990年10月22日
営業時間：午前11時30分〜午後2時　午後5時30分〜午前2時
定休日：日曜・祭日　電話：(06)531-2825
経営者：有日の出実業
従業員：サービス1人　厨房1人　パート・アルバイト常時3人　合計5人　客席数：32席
客単価：4000円　客回転数：1回
主なメニューと単価：ポテトの香味揚コロッケ500　牛タンの塩焼き900　磯焼き盛り合わせ1200　海鮮天ぷら盛り合わせ1500　造り盛り合わせ1800　日本酒800〜1400　ウイスキー650〜1100　カクテル800〜1000　ワインボトル2800
●主な仕上げ材料
床：カラーモルタル金ゴテ仕上げ　粘板岩貼り400角(ルジーナ/テーヂーエム東京)
壁：モルタル下地プライマー処理アートペイン

ティング　パーティション/スチール特殊処理(製作/アミューズSP)　FRP装飾柱(ミカミ)
天井：PBt12下地AEP　スチール錆加工ウレタン塗装
テーブル：ガラスおよびスチール(特注・製作/アミューズSP)
カウンターイス：アルミ鋳物(特注・製作/アミューズSP)
カウンター：御影石本磨き(ブルーパール)　腰/御影石400角(グラニトス/アドヴァン)
●撮影：福本正明('91年3月号)

新撰組 中河原店・データ(P64)
工事種別：ファサードと内装　新築
床面積：271㎡(うち厨房54㎡)
工期：1992年5月6日〜6月30日
●営業内容
開店：1992年7月8日
営業時間：午後5時〜午前12時　定休日：第3日曜日　電話：(0423)69-5696
経営者：東京ジューキ食品㈱
従業員：厨房6人　パート・アルバイト常時10人　合計16人　客席数：180席
客単価：2600円　客回転数：1回
主なメニューと単価：もちピザ500　ナス肉イタメ500　新撰組サラダ600　カルビ焼き600　ねぎブタ500　近藤・土方ビール450　杏露酒400
●主な仕上げ材料
床：木毛板下地鉄板900角t5貼り　大理石貼り本磨き400角　モルタル金ゴテ電車レール埋め込み
壁：木毛板下地多彩模様塗材左官仕上げ(ジュラックス/四国化成工業)　亜鉛鉄板t1.6・黒皮鉄板t1.6貼り　腰/古材t30ウレタン仕上げ
天井：木毛板下地ジェラックス左官仕上げ　木毛板下地桧材ルーバー仕上げ
●撮影：ナカサ&パートナーズ('92年11月号)

五衛・データ(P68)
工事種別：ファサードと内装　新築
床面積：1階53.03㎡(うち厨房14.73㎡)　2階12.42㎡　合計65.45㎡
工期：1991年9月2日〜10月5日
●営業内容
開店：1991年10月14日
営業時間：午後5時30分〜午前0時
定休日：日曜日　電話：(092)732-7677
経営者：古賀英俊
従業員：サービス1人　厨房3人　パート・アルバイト常時2人　合計6人　客席数：34席
客単価：3000円　客回転数：1.5回
主なメニューと単価：引きすじみそ煮500　博多もつ鍋700　五衛流もつ鍋700　えびみそ600　鳥のつみれ鍋1000　ビール500　日本酒500〜1000
●主な仕上げ材料
床：木下地ヒノキ縁甲板貼りt21CL　スミモルタル金ゴテ押さえ
壁：杉板下見板貼り染色CL　既存コンクリート打ち放しのまま
天井：既存コンクリート打ち放しのまま
家具・什器：ナラ染色CL
●撮影：山本伸生('92年4月号)

作品データ

ドーモ三宮店・データ(P71)

床面積：321.87㎡(うち厨房面積64.38㎡)
工期：1991年6月3日～8月10日
総工費：1億1000万円
●営業内容
開店：1991年8月14日
営業時間：午後4時～午後11時
定休日：月1回　電話：(078)322-3838
経営者：がんこフードサービス㈱
従業員：サービス1人　厨房2人　パート・アルバイト12人　合計15人
客席数：152席　客単価：2800円
主なメニューと単価：自家製もち米しゅうまい530　シーフードサラダ980　ソーセージのチーズフォンデュー風980　パンプキンコロッケ480　お刺身盛合せ1280　カクテル各種450～　ビール500
●主な仕上げ材料
床：モルタル下地現場研ぎテラゾ真鍮目地　ナラフローリング貼りt15OS 色ウレタン仕上げ化粧鋲打ち 一部400角天然石貼り(アドヴァン)
壁：ボード下地プランツ2木ゴテ押さえ(日丸産業)　腰／ダンウッド貼り(日東紡績)　柱／蛇紋岩貼りt25目地ロープ入り　WC／ガラスモザイクタイル(エバーファースト)　宴会場／PBt12クロス貼り　エッチングガラス(アトリエアゴ)
天井：LGS下地PBt12寒冷紗パテVP吹き付けスケルトン天井　スチールパネル　パンチングメタル　メタリック塗装
●撮影：福本正明('91年11月号増刊)

蔵(くら)・データ(P74)

工事種別：内装のみ　新築
床面積：146.4㎡(うち厨房23.6㎡)
工期：1989年5月13日～6月30日
●営業内容
開店：1989年7月1日
営業時間：午後5時～午後11時
定休日：なし　電話：(0422)21-6653
経営者：㈲麦　野口伊織
従業員：サービス1人　厨房3人　パート・アルバイト常時4人　合計8人　客席数：100席
客単価：4000円　客回転数：3回
主なメニューと単価：蒟蒻の辛煮400　五色納豆1500　海老しんじょ900　季節のたき合わせ800　吟醸酒(1合)1000円より　地酒(1合)500より　ビール600　ウイスキー(S)500
●主な仕上げ材料
床：地板／ケヤキ板目練り付けウレタン塗装　座敷／桧フローリング貼りW250　t30　OSワックス仕上げ　一部タタミ敷き
壁：既存コンクリート打ち放し　化粧柱／杉材OSCLパーティション／スチールカマチ戸亜鉛メッキ仕上げ　内部モールガラス入り
天井：既存コンクリート打ち放し
●撮影：本木誠一('90年6月号)

バー&クラブ

ウロボロス・データ(P78)

工事種別：ファサードと内装　新築
床面積：約111.2㎡(うち厨房12.0㎡)
工期：1988年10月18日～11月24日
総工費：約3500万円
●営業内容
開店：1988年11月24日
営業時間：午後6時～午前6時
定休日：なし　電話：(052)971-7500
経営者：オフィスN
従業員：サービス3人　厨房3人　パート・アルバイト常時6人　合計12人
客席数：35席＋スタンディングカウンター
客単価：3500円　客回転数：4回
主なメニューと単価：入場時コイン8枚購入(3000円)　コイン1枚／トリス　プリン　コイン2枚／ビール　バーボン　オムレツ　チキンピザ仕立て　コイン3枚／ヒビノダイスキー(カクテル)　サイコロステーキ　以降の追加ドリンク&フードはコイン￥250を購入
●主な仕上げ材料
入り口ドア&外壁：木下地しっくいに水性ペンキサンダー仕上げ
床：コンクリート下地鉄筋クッション鉄板t3.2貼り溶接
幅木：コンクリートOP
壁：しっくい下地水性ペンキサンダー仕上げ
天井：RC打ち放し軀体のまま
イス：鉄筋φ9＋鉄板t3.2
オブジェカウンター：米松材組み合わせ削り出し
●撮影：加斗タカオ('89年3月号)

ギーガーバー・データ(P81)

工事種別：一戸建て　新築
用途地域地区：準工業地域　準防火地域
建ぺい率：制限60%＞実効59.51%
容積率：制限300%＞実効171.66%
構造と規模：S造　地上4階建て
敷地面積：171.30㎡　建築面積：101.94㎡
床面積：1階101.94㎡　2階79.70㎡　中3階29.37㎡　3階83.03㎡　合計294.04㎡
工期：1988年6月15日～10月15日
●営業内容
開店：1988年10月19日
営業時間：午後6時～午前5時
定休日：なし　電話：(03)3440-5751
経営者：㈱フラッグス
従業員：サービス21人　厨房3人　合計24人
客席数：130席
客単価：4000円　客回転数：3.5回
主なメニューと単価：入場料金1・2階バー1000　3階エキストラバー2000(サイドディッシュ付き)　アルコールドリンク800より　フード800より　ボトルセット(アイス&ミネラル)1000
●主な仕上げ材料
屋根：コンクリート金ごて押さえシート防水
外壁：ALC版吹き付け塗材仕上げ　GRCパネル　サッシュ／スチールサッシュ
外部床：コンクリート金ごて押さえ
サイン：ステンレス鏡面箱文字
床：モルタル金ごて押さえ下地長尺シート貼り(デザインコイン／ロンシール工業)
幅木：樹脂幅木H60
壁：PBt12下地吹き付け塗材　GRCパネル
天井：PBt9下地吹き付け塗材
家具：特注カウンターハイバックチェア／FRP成形　その他家具什器／木製ポリウレタン塗装
●撮影：鳴瀬　亨('89年1月号)

ラ コスタ D'・データ(P84)

工事種別：ファサードと内装　全面改装
床面積：292.25㎡(うち厨房10.58㎡)
工期：1989年6月12日～7月18日
●営業内容
開店：1989年7月28日
営業時間：午後7時～午前3時
定休日：日曜・祭日　電話：(03)3439-0855
経営者：㈱近江路
従業員：サービス1人　厨房2人　パート・アルバイト常時2人　合計5人　客席数：57席
客単価：約5000円　客回転数：1回
主なメニューと単価：エスカルゴのブルゴーニュ風2000　海の幸サラダ2000　本日のテリーヌ2500　シャンパン(グラス)1000～　オリジナルカクテル1700
●主な仕上げ材料
床：通路／コンパネ下地ナラ材フローリング貼りt15CL　一部染色　モルタル下地テラゾタイル貼り400角　コンパネ下地人工芝貼り　客席A・C／コンパネ下地ゴムタイル貼り400角　客席B／コンパネ＋フェルト下地ループカーペット敷きt8　客席D／コンパネ下地人工芝貼り
プール：アスファルト防水モルタル下地タイル貼り
壁：PBt12下地模様吹き付け塗材(ジョリパット／アイカ工業)　客席C／PBt12ジョイント工法寒冷紗パテシゴキジョリパット吹き付け　スクリーン(客席A・B)／腐食ガラスt12小口磨き
天井：既存軀体AEPローラー
●撮影：ナカサ&パートナーズ('89年10月号)

アシュリング・データ(P88)

工事種別：内装のみ　新築
床面積：252.2㎡(うち厨房30.0㎡)
工期：1990年3月1日～5月10日
●営業内容
開店：1990年6月5日
営業時間：午後6時～午前4時
定休日：日曜日　電話：(03)5474-2102
経営者：㈱ノックス　トゥエンティ　ワン
従業員：サービス6人　厨房6人　パート・アルバイト常時6人　合計18人
客席数：94席
客単価：5000円　客回転数：1.5回(目標)
主なメニューと単価：前菜盛合わせ／小1500　大2800　アシュリングサラダ1000　鹿肉のタタキ1500　リ・ド・ボーの照焼2000　本日の雑炊1000　ドラフトビール(日本)700～800　ビール600～3000　ハウスワイン(グラス)700　シェリー酒800, 900
●主な仕上げ材料
サイン：アルミ板
床：墨入りモルタル金ゴテジュート(麻布)パターン押さえ　黄土タタキ
壁：ラスボードt10下地アクリル樹脂プラスター吹き付けおよびコテ塗り(マヂックコート／フッコー)　モルタル下地土紙貼り　モルタル下地銅粉混合クリア刷毛塗り　鉛複合ボード
天井：コンクリート打ち放し　フレキシブルボードt6下地VP
家具：シナ合板ウレタンクリアツヤ消し　スチールプレート
カウンタートップ：アルミ板模様サンダー掛け
●撮影：本木誠一('90年8月号)

タンギー・データ(P91)

工事種別：内装のみ　新築
床面積：47.78㎡(うち厨房3.3㎡)
工期：1990年6月27日～7月24日
●営業内容
開店：1990年7月28日
営業時間：午後6時～午前3時(ただし日曜・祭日は午前2時まで)
定休日：火曜日　電話：(06)213-3598
経営者：加賀谷一郎
従業員：サービス2人　厨房1人　合計3人
客席数：30席　客単価：3000円～4000円
客回転数：1.5回
主なメニューと単価：いわしの香味揚げ800　和風メキシコ料理800～1200　鰻どんぶり1000　日替りどんぶり1200　タンシチュー1500　ビール600　ウイスキー700～　大吟醸1200
●主な仕上げ材料
床：塗り床材(カラクリート／ABC商会)
壁：PBt12下地プラスター金ゴテ押さえ
天井：PBt12下地EP
照明器具：カウンターバック棚／スパークルランプ(マックスレイ)
カウンターハイスツール：ミックスシックサノーラ(アームスコープレーション)
カウンタートップ，テーブル，ベンチ：ホワイトアッシュ材CL
カウンターバック棚：トガ材ブラッシング加工　棚／透明ガラスt8
●撮影：山田誠良('91年3月号)

イッツ・データ(P94)

工事種別：内装のみ　部分改装
床面積：45㎡(うち厨房約7.1㎡)
工期：1988年11月10日～12月1日
総工費：823万円
サイン20万円　内装造作費419.5万円
厨房設備費66万円　給排水衛生設備費19.7万円
電気設備費25.3万円　照明器具18.5万円
家具・什器費154万円　オブジェ製作費100万円
●営業内容
開店：1988年12月1日
営業時間：午後7時～午前5時
定休日：なし　電話：(075)211-0749
経営者：㈲イッツ
従業員：厨房1人　パート・アルバイト常時1人　合計2人　客席数：30席
客単価：2000円　客回転数：1回
主なメニュー単価：カクテル700～

ソフトドリンク600〜700 ビール600〜700
スコッチウイスキー800〜／ボトル7000〜
バーボンウイスキー700〜／ボトル6500〜
お茶漬け500
●主な仕上げ材料
床：コンパネt12下地玄昌石貼り 既存フローリングウレタン塗装
壁：H2500までパーライトモルタルあらごて仕上げ H2500より既存壁ツヤ消しOP塗装
天井：既存のまま
扉：既存扉に玄昌石貼り
外部サインオブジェ：アルミメラミン焼き付け塗装
オブジェ：鉄 大理石 真鍮
家具・什器：ボトル棚／ナラ材フラッシュオイル仕上げ カウンター甲板／ブビンガ材ポリエステル樹脂仕上げ イス／ブビンガ材 ソファ／ビニルレザー張り テーブル／鉄板t10ウレタン塗装
●撮影：山田誠良（'89年3月号）

―――――オッタゴノ・データ（P97）

工事種別：ファサードと内装 新築
床面積：41.6㎡（うち厨房12.6㎡）
工期：1989年5月24日〜6月20日
●営業内容
開店：1989年6月24日
営業時間：午後8時〜午前5時
定休日：日曜日 電話：(03)3478-4176
経営者：山上正彦
従業員：サービス1人 厨房1人 パート・アルバイト常時1人 合計3人
客席数：カウンター13席 テーブル12席 合計25席
客単価：2500円
主なメニューと単価：グリーンランドの海老1000 キャビア3500 おつまみ各種500〜2000 ビール700・900 カクテル900〜
●主な仕上げ材料
入り口扉：スチール板t1.6ホーロー仕上げ 一部スズの象嵌
外部床＆床：特殊モルタル研ぎ出し
壁：モルタル木ゴテ仕上げ PBt9下地寒冷紗パテシゴキVP
スクリーン：特殊モルタル研ぎ出し
天井：スチール板メラミン焼き付け3分ツヤ（一部パンチング加工ガラス玉のせ）PBt9下地寒冷紗パテシゴキVP 一部既存コンクリート打ち放し
家具・什器：カウンター甲板／スチール板t6 ベンチ／カウンター下地特殊モルタル研ぎ出し バックバー吊り戸棚／スチール板t1.6ホーロー仕上げ（一部スズの象嵌）
●撮影：ナカサ＆パートナーズ（'89年9月号）

―――――Eストリートバー・データ（P100）

工事種別：ファサードと内装 全面改装
床面積：52.5㎡（うち厨房13.0㎡）
工期：1989年8月25日〜9月27日
●営業内容
開店：1989年9月27日
営業時間：午後5時〜午前2時
定休日：日曜・祭日 電話：(03)5485-5865
経営者：林 美和子
従業員：サービス2人 厨房2人 合計4人

客席数：45席
客単価：3000〜3500円 客回転数：1.5回
主なメニューと単価：Eストリートギョーザ800 Eストリート豆腐700 スペアリブ850 チリビーンズ700 スモークサーモン800 ビール500 ワイン600 バーボン620〜960 カクテル800〜900
●主な仕上げ材料
入り口扉：縞鋼板t2.3錆加工クリア塗装
外部床：カラーモルタルt25
サイン：アクリル板の上に強化ガラスt10 照明内蔵
床：カラーモルタルt25金ゴテ押さえ 一部色ガラス埋め込み
壁：PBt12VP 一部PB削りモルタル塗り
天井：軀体の上VP
カウンター：H形鋼125×125 鉄道レール（60kg/m）錆加工クリア塗装 トップ／透明ガラスt8 タモ集成材OS ケンバス材（枕木）
家具：シナ合板OP テーブル／2×4材OS
●撮影：本木誠一（'90年8月号）

―――――ゼウスバー・データ（P102）

工事種別：ファサードと内装 新築
床面積：48㎡（うち厨房2.2㎡）
工期：1989年5月6日〜6月17日
総工費：1150万円
●営業内容
開店：午後6時〜午前2時
定休日：なし 電話：(07457)8-3729
経営者：垣本清子 客席数：24席
従業員：サービス4人 厨房1人 合計5人
客単価：2500円 客回転数：2回
主なメニューと単価：サラミ500 レーズンバター500 ビーフシチュー800 ビール500 カクテル600 バーボン600
●主な仕上げ材料
外壁：ボンデ鋼板t1.5フッ素樹脂塗装
外部床：テラゾタイル貼り400角（グラニット／フッコー）
壁：モルタル金ゴテ押え塩ビタイル貼り（ミカゲC／フクビ化学工業）
幅木：塩ビ幅木H60
壁：PBt12下地ビニルクロス貼り
天井：PBt12下地ビニルクロス貼り
カウンターテーブル：ブビンガ材目トーメイウレタン塗装
架柵：米栂材150角・100角OP拭き取りクリアラッカー仕上げ インド産バンビースティック乱置き
イス：テーブル席／ナオス カウンター席／ウィック（アダル）
●撮影：山田誠良（'89年9月号）

―――――ナイトクルー・データ（P105）

工事種別：ファサードと内装 全面改装
床面積：78㎡（うち厨房9.5㎡）
工期：1989年10月1日〜11月15日
●営業内容
開店：1989年11月20日
営業時間：午後7時〜午前2時
定休日：日曜日 電話：(0292)26-8898
経営者：佐藤康幸
従業員：厨房1人 パート・アルバイト常時1人

人 合計2人 客席数：38席
●主な仕上げ材料
サイン：スチール下地モルタル仕上げ
床：コンパネ下地鉄板貼りウレタン塗装
壁：モルタル下地小石洗い出し仕上げ
天井：既存スラブのまま オブジェ／鉄骨組みFRP
カウンター＆テーブル：タモ材OS塗装
●撮影：野口 毅（'92年3月号）

―――――スペーシアム・データ（P108）

工事種別：内装のみ 新築
床面積：ホワイエ全体217.0㎡（うち厨房18.3㎡）
工期：1992年2月15日〜3月25日
●営業内容
開店：1992年4月23日
営業時間：午前10時〜午後9時30分
定休日：第1・3水曜日 電話：(0471)48-2424
経営者：東神開発㈱ 従業員：1〜2人
客席数：35席
主なメニュー：ビール ソフトドリンク コーヒーのほか企画によるメニュー
●主な仕上げ材料
床：モルタル下地蛇紋岩＋アラベスカートタイル貼り 一部ブラジリアンコア材フローリングタイル貼り染色CL
幅木：蛇紋岩タイル H60
壁：PBt12下地ブラジリアンコア材突き板シート貼り（サンフット／北三）およびAP
天井：PBt12下地AP
家具：イス／ADコア
什器：カウンター／木下地ブラジリアンコア材練り付け
●撮影：鈴木 光（'92年9月号）

―――――かめ田・データ（P110）

工事種別：内装のみ 新築
床面積：43.54㎡（うち厨房7.56㎡）
工期：1990年11月1日〜11月23日
総工費：2100万円
●営業内容
開店：1990年11月26日
営業時間：午後6時〜午前2時（金・土は3時まで） 定休日：日曜日 電話：(06)245-4329
経営者：㈱ファニーランド
従業員：サービス3人 厨房2人 合計5人
客席数：16席
客単価：約5000円 客回転数：2回
主なメニューと単価：まゆ玉湯豆腐1500 牛肉の湯葉き揚げ1000 ごま寄せサラダ800 吟醸酒800〜 カクテル800〜 ウイスキー700
●主な仕上げ材料
床：コンパネ二重貼り下地シナ合板t6染色ウレタンクリア3分ツヤ 黒御影石本磨きt25 白御影石t25本磨き
壁：PBt12下地模様吹き付け塗材（ジョリパット／アイカ工業） 一部鉄平石貼り400×400 金箔貼り
天井：PBt12下地シナ合板t6染色CL3分ツヤ アール天井／繊維強化石こうボードt6二重貼り下地金箔貼り
家具：バックバー／シナ合板フラッシュ染色CL3分ツヤ

カウンター：漆塗り仕上げ＋蒔絵
●撮影：ナカサ＆パートナーズ（'91年3月号）

―――――ラウンジ タカオ・データ（P113）

工事種別：一戸建て 全面改装 一部新築
用途地域地区：商業地域
建ぺい率：制限80％＞実効30.1％
容積率：制限400％＞実効46.8％
構造と規模：木骨組構造 LGS造 地上2階建
敷地面積：379.0㎡ 建築面積：114.2㎡
床面積：1階114.2㎡（うち厨房26.8㎡） 2階63.0㎡ 合計177.2㎡
工期：1991年6月1日〜8月30日
総工費：5000万円
●営業内容
開店：1991年9月1日
営業時間：午前10時〜午前0時
定休日：日曜日 電話：(0246)23-7727
経営者：高尾祥一 客席数：56席
従業員：サービス5人 厨房3人 合計8人
●主な仕上げ材料
屋根：蔵／木下地陶瓦葺き 新築部／ALC板下地シート防水仕上げ
外壁：蔵／大谷石積み 新築部／ALC板下地吹き付けタイル仕上げ
外部床：コンクリート下地石砂利洗い出し
サイン：アクリル行灯サイン
床：蔵／板貼りの上玉砂利洗い出し 御影石貼り ビニルシート貼り 新築部／モルタル下地玉砂利洗い出し シートタイル貼り
壁：大谷石積み 新築部／耐火ボード下地クロス貼り 腰壁／錆鉄板貼り
天井：蔵／桧板貼り 新築部／耐水ボード下地クロス貼り
●撮影：野口 毅（'92年3月号）

―――――春秋 バイクロス福岡店・データ（P116）

工事種別：内装のみ 新築
床面積：6階221.03㎡（うち厨房32.38㎡）7階178.80㎡（うち厨房399.63㎡）
工期：1990年5月20日〜7月10日
総工費：1億6245万円
内装造作費9150万円 厨房設備費970万円
空調・給排水衛生設備費2850万円
照明器具費290万円 家具・什器費2500万円
造園工事費485万円
●営業内容
開店：1990年7月27日
営業時間：午後5時〜午前0時（7階は午前1時まで）
定休日：なし 電話：(092)781-8005
経営者：㈱ぼたん
従業員：サービス8人 厨房4人 パート・アルバイト常時6人 合計18人
客席数：6階70席 7階68席
客単価：5000円 客回転数：1回
主なメニューと単価：6階「春」／豆腐ステーキ900 ホーレン草サラダ900 山菜天ぷら1000 牛肉のくわ焼3000 春秋鍋3500 ビール700 日本酒（80種100ml）700〜4500 7階「秋」／レーズンバター800 チーズ盛合せ1000 チョコレート1000 ビール・国産700 外国製800 ウイスキー（30ml）1300〜6000

作品データ

●主な仕上げ材料
床：6階／白御影石貼りジェットバーナー仕上げ　自然石貼り　松，ケヤキ，栗フローリング貼り　小上がり席・竹組み　松，ケヤキ，栗貼り　7階／黒御影石貼りジェットバーナー仕上げ　カバ桜フローリング貼り
壁：6階／白御影石貼り本磨き　土壁仕上げ　石灰岩貼り（ライムストーン／アドヴァン）松古材染色CL　和風パネル　竹組みパーティション　7階／大理石貼り本磨き（ホリーモンシェル）　レンガタイル貼り　アンティークタイル貼り　古鉄板貼り　カバ桜ノミ削り出し黒塗装パーティション　古パイプパーティション　透明ガラスパーティション
天井：スケルトン
家具：6階／ケヤキ古材　松古材　7階／カバ桜ノミ削り出し黒塗装　アンティーク家具
●撮影：白鳥美雄（'91年9月号）

春秋・データ（P120）
工事種別：内装のみ　新築
床面積：131.1㎡（うち厨房14.1㎡）
工期：1990年7月25日〜10月15日
総工費：9685万円
サイン59万円　内装造作費6584万円
空調設備費658万円　厨房設備費450万円
給排水衛生設備費312万円　電気設備費365万円
造園工事費294万円
●営業内容
開店：1990年10月16日
営業時間：午後6時〜午前1時
定休日：日曜・祭日　電話：（03）5561-0009
経営者：㈱春秋　客席数：17席
従業員：サービス2人　厨房2人　パート・アルバイト常時2人　合計6人
客単価：1万8000円　客回転数：1.2回
主なメニューと単価：ビール（モルツ）1000　ウイスキー（山崎）S1500　日本酒1000〜　ワイン／ボトル8000〜　参鶏湯1万2000（3人前）　牛テール雪鍋1万5000（同）　すっぽん鍋1万5000（同）
●主な仕上げ材料
サイン：スチールプレートt1.6加工アンドンボックス
床：黒御影石t40ハツリ仕上げ　小上がり席／栗縁甲板貼り
幅木：黒御影石　H40
壁：ラスボードt9下地土壁木ゴテ中塗り仕上げ　一部栗羽目板貼り　一部古木材貼り　錆鉄グレーチングスクリーン
天井：PBt12下地真竹（晒し竹）貼り
家具：カウンター／栗材t100手斧の上に特殊オイル仕上げ　囲炉裏／神代杉t150手ガンナ仕上げ　椅子／カバ桜手ガンナ＋抜きうるし仕上げ　レセプションカウンター／ケヤキ手斧の上に特殊オイル仕上げ
●撮影：鳴瀬亨（'91年4月号）

バー ゼスト・データ（P124）
工事種別：内装のみ　新築
床面積：32㎡（うち厨房3.8㎡）
工期：1989年2月10日〜4月12日
●営業内容
開店：1989年4月26日

営業時間：午後6時〜午前7時
定休日：なし　電話：（06）243-1221
経営者：大伸商行㈱
従業員：サービス1人　厨房1人　パート・アルバイト常時1人　合計3人
客席数：カウンター11席　スタンディング6席
客単価：3000円　客回転数：3回
主なメニューと単価：チーズ盛合せ1200　馬刺2000　キャビア（オシェートラ　1オンス）3500　シャンパン（グラス）1200　カクテル800〜　モルトウイスキー（グラス）1000〜
●主な仕上げ材料
外壁：模様吹き付け材コテ押さえ（ジョリパット／アイカ工業）
外部床：黒御影石ジェットバーナー仕上げおよび玉石洗い出し
サイン：ステンレスR加工エッチング処理
床：黒御影石ジェットバーナー仕上げおよび玉石洗い出し
壁：模様吹き付け材コテ押さえ（ジョリパット／アイカ工業）　腰壁／御影石ジェットバーナー仕上げパターン貼り
天井：模様吹き付け材コテ押さえ　一部銀モミ紙表具貼り
カウンター：甲板／ブビンガワックス仕上げ　腰／黒御影石ジェットバーナー仕上げ
バックバー：枠／カラーウレタン塗装　銀モミ紙表具貼り
立ち飲みカウンター：御影石割り肌仕上げ
●撮影：ナカサ＆パートナーズ（'89年9月号）

トワイライト・データ（P127）
工事種別：内装のみ　新築
床面積：83.89㎡（うち厨房7.65㎡）
工期：1989年9月5日〜10月31日
●営業内容
開店：1989年11月6日
営業時間：午後7時〜午前0時30分
定休日：日曜祭日　電話：（092）291-6941
経営者：㈲SIN企画・斉藤一盛
従業員：サービス女性14人　男性2人　厨房1人　合計17人
客席数：27席　客単価：約1万円
主なメニューと単価：ボトルキープ1万2000から　セット7000（テーブルチャージ＋おつまみ一品）　ウイスキー・ビール・カクテル各種1000
●主な仕上げ材料
床：大理石・黒御影石貼りジェットバーナーワックス仕上げ400角
幅木：木下地パテしごきラッカー塗装　H40
壁＆天井：PBt12下地寒冷紗パテしごきエマルションアクリル系吹き付け塗材（ビューテックス／大日本塗料）　アルミ亜鉛合金メッキ鋼板（ガリバリウム鋼板／大同鋼板）クリア塗装
スクリーン＆垂れ壁：アクリル集光板t30，t10（高水化学工業）
カウンター：トップ／アルミt12染色　バック棚／アクリル集光板t30
テーブル：トップ／フロートガラスt15φ600　脚／スチールクロームメッキ
ソファ：スザンヌ（ノルインターナショナル）張地／光ファイバー織り込みφ0.5特注
電話台：トップ／アクリル集光板t30　脚／スチールパイプφ45メラミン焼き付け塗装

花器：アルミt3サンドブラスト加工
●撮影：ナカサ＆パートナーズ（'90年2月号）

クラブ花束・データ（P130）
工事種別：内装のみ　全面改装
床面積：105㎡（うち厨房12㎡）
工期：1991年2月25日〜3月23日
●営業内容
開店：1991年3月25日
営業時間：午後7時〜午前0時30分
定休日：日曜・祭日　電話：（06）213-0308
経営者：吉山都
従業員：サービス15人　厨房8人　パート・アルバイト常時5人　合計28人
客席数：48席　客単価：2万〜2万5000円
主なメニューと単価：ボトルキープ／ローヤル1万5000　ヘネシー2万5000
●主な仕上げ材料
床：客席／モルタル下地カーペット敷き（オブジェ／シンコール）　アプローチ／モルタル下地御影石貼り　玉砂利洗い出し
壁：モルタル下地砂壁状樹脂系塗材吹き付け（テラックス／山本窯業化工）　花柄パネル／コンパネ下地テラックス吹き付け　カウンターバック／シナ合板下地ウレタン塗装金箔貼り
天井：PBt9下地寒冷紗パテしごきAEP
家具：カウンターチェア（ミスティー／パブリック）
カウンター：トップ／桜材染色ウレタン塗装　腰／脚御影石貼り
テーブル：桜材染色ウレタン塗装
●撮影：山田誠良（'91年9月号）

ジュノン・データ（P133）
工事種別：内装のみ　全面改装
床面積：74㎡（うち厨房3.1㎡）
工期：1991年8月10日〜9月16日
総工費：5000万円
●営業内容
開店：1991年9月17日
営業時間：午後7時30分〜午前0時30分
定休日：日曜・祭日　電話：（075）525-0746
経営者：㈲すぎた
従業員：サービス17人　厨房1人　パート・アルバイト常時2人　合計20人
客席数：36席（うちカウンター席6席）
客単価：1万5000円
主なメニューと単価：ヘネシー3万　リザーブ1万7000（ボトルキープ）
●主な仕上げ材料
床：モルタル下地大理石パターン貼り　合板t12下地ジュータン敷き込み
壁＆柱：木軸下地南洋カバ練り付け合板貼りOSCL　合板t12下地ガラスモザイクタイル貼り20角　合板t12下地鏡（ゴールド）貼りt6　壁＆柱／桜材PBt9下地スタッコアンティコ（エバーファースト）　合板t4二重貼り下地ガラスモザイクタイル貼り20角
●撮影：藤原弘（'92年2月号）

バスピリオ・データ（P136）
工事種別：ファサードと内装　新築
床面積：281.99㎡（うち厨房19.12㎡）
工期：1990年11月1日〜12月15日

●営業内容
開店：1990年12月20日
営業時間：午後7時〜午前5時
定休日：なし　電話：（06）211-1725
経営者：㈱プラス・テン・マインド
従業員：サービス8人　厨房2人　パート・アルバイト常時8人　合計18人
客席数：70席＋3室（VIPルーム）
客単価：6000円
主なメニューと単価：テーブルチャージ2000　飲茶600〜1800　和風ステーキ1800　カクテル800〜1000　ブランデー（ボトル）2万
●主な仕上げ材料
床：メキシコ製素焼きタイル貼り250角（バランカ・サルティロ／山宗製陶）　コンパネ下地塗り　床（シンコーストーン／新興建材工業所）　カーペット＆ブラックスレート
幅木：木幅木青銅風塗装　H150
壁：PBt9下地スタッコ仕上げ（スタッコ・アンティコ／エバーファースト）　PBt9下地EP　化粧柱／ブビンガ材φ100　FRP製布状オブジェ　客席壁面パネル／アルミパネルt6アルマイト加工φ20穴開け加工　フロストガラスt8化粧柄エッチング加工
天井：PBt12下地スタッコ・アンティコ　PBt12下地EP
●撮影：山田誠良（'91年9月号）

ヤマト・データ（P139）
工事種別：ファサードと内装　全面改装
床面積：66.4㎡（うち厨房6.1㎡）
工期：1990年8月5日〜9月5日
総工費：3000万円
●営業内容
開店：1990年9月11日
営業時間：午後7時〜午前0時
定休日：月曜日　電話：（06）853-4087
経営者：河野伸比古　客席数：28席
従業員：サービス4人　厨房1人　パート・アルバイト常時5人　合計10人
客単価：1万円　客回転数：1〜1.5回
主なメニューと単価：ビール1000　カクテル1000　ソフトドリンク1000　チャーム800
●主な仕上げ材料
外壁：ラス下地プラスター木こて押さえ
床：石英岩（クオーツサイト／アドヴァン）　カバ材フローリング
壁：PBt12下地プラスター木こて押さえ　一部カバ材単板練り付けクリア市松貼り
スクリーン：和紙貼り
飾り柱：組ひも巻き
天井：PBt12下地パテしごきVP塗装
飾り梁：ウォールナット材クリア　白熱球内蔵
家具：ウイスキーチェア（カッシーナジャパン）
什器：カバ材単板練り付けCL仕上げ　ウォールナット練り付けCL
●撮影：山田誠良（'91年3月号）

セリ クラブ・データ（P142）
工事種別：ファサードと内装　全面改装
床面積：63.0㎡（うち厨房6.3㎡）
工期：1990年7月15日〜9月5日
●営業内容
開店：1990年9月11日

営業時間：午後6時～午後11時
定休日：日曜・祭日　電話：(06)243-5707
経営者：園田　芹
従業員：サービス2人　厨房1人　パート・ア
ルバイト常時7人　合計10人
客席数：21席
入会システム：法人会員／入会金90万円　月会
費3万円
客回転数：1回
主なメニューと単価：セット料金（チャージ・ド
リンク・フードを含む）2万円　ボトルキープ
（マーテルVSOP，マッカラシングルモルト）
3万円
●主な仕上げ材料
外壁：入り口扉／スチール縮み塗装　一部天然
木化粧合板貼り（ダンウッド／日東紡績）　化粧
柱／H形鋼縮み塗装
外部床：黒御影石ジェットバーナー仕上げ
サイン：シルクスクリーン印刷
床：大理石貼り　エントランス／黒大理石貼り
（ネローブラック／名古屋モザイク工業）
壁：コンクリートブロック下地ダンウッド貼り
円錐柱／スタッコ仕上げ（スタッコ・アンティカ
／エバーファースト）　鉄骨柱／H形鋼スエー
ド調塗装　ブラインドガラスt8（旭硝子）
天井：客席A・エントランス／既存天井にEP
客席B／PBt9下地アルミ箔貼り　化粧梁／
H形鋼スエード調塗装　一部透かし彫り
家具：ソファ／布地張り　アールソファ／本皮
張り　テーブル・カウンター／黒御影石（ベルフ
ァスト）
●撮影：松村芳治（'91年3月号）

ディスコ&ライブハウス

バルナ クロッシング・データ（P146）

設計協力：オペレーション／エラ・インターナ
ショナル　佐藤俊博　クリエーティブ・ディレ
クション／キム・ラレア　ジュリ・カベラ　ア
ート／ハビエル・マリスカル　料理ディレクシ
ョン／モンツェ・ギレン　ユニフォームデザイ
ン／チュー・ウロス　グラフィックデザイン／
アルフォンソ・ソストレス　ガジェット・プロ
ダクト／ジョセフ・ブッチ　エンジニア／モア
ナ　児玉博之
工事種別：内装のみ新築
床面積：地下2階877㎡　地下1階229㎡（うち
厨房176㎡）　1階461㎡　合計1567㎡（うち厨房
176㎡）
工期：1989年8月1日～12月10日
総工費：1億5000万円
●営業内容
開店：1989年12月10日
営業時間：午後6時～午前1時
定休日：なし　電話：(092)716-6111
経営者：㈱バルナ・クロッシング
従業員：サービス25人　厨房7人　パート・ア
ルバイト常時30人　合計62人
客席数：300席　客単価：3500円
料金システム（90年2月3日現在）：入場時、男
性3500円、女性3000円（金・日曜は500円増、土
曜・祭日前日は1000円増）を支払い80ポイントの
プリペイド・カードを受け取る。
主なメニューと単価：各種ドリンク類20ポイン
ト～　レストラン／料理各種30～80ポイント
●主な仕上げ材料
床：発泡コンクリートt50　ラワン合板t12下
地マテス材フローリング貼りワックス仕上げ
幅木：木リブ材　アルミニウム三角リブ材
壁：吸音グラスウール下地およびスチールパイ
プ　鉛板入りPBt12＋PBt12下地アルミニ
ウム板バフ仕上げパターン貼り　一部アルミレ
リーフ
天井：吸音グラスウールおよび軽鉄組みに鉛板
入りPBt12＋PBt12下地アルミニウムアル
マイト仕上げパターン貼り　一部ポリカーボネ
イト板
家具：オリジナル　スペイン輸入家具
●撮影：ナカサ&パートナーズ（'90年3月号）

ツインスター・データ（P152）

工事種別：一戸建て　新築
床面積：2階680.6㎡　3階323.0㎡　合計
1003.6㎡（うち厨房66.2㎡）
工期：1992年8月10日～11月24日
●営業内容
開店：1992年12月7日
営業時間：ディナータイム／午後6時～午後8
時　ディスコタイム／午後8時～午後11時
電話：(03)3269-0005　経営者：熊谷興業㈱
従業員：サービス13人　厨房4人　パート・ア
ルバイト常時45人　合計62人
客席数：350席
入場料：5000（フリーフード　3ドリンク）2
チケット1000
主なドリンクメニュー：ビール　カクテル　水

割り　ジュース1チケット
●主な仕上げ材料
床：御影石貼り本磨き　御影石貼り本磨きパタ
ーン貼り　ブビンガ材フローリングウレタン塗
装　カーペット敷き　発泡材＋モルタル＋コン
パネt15下地ブビンガ材ウレタン塗装
幅木：カリン材染色CL　木製およびスチール
の上にアートペイント　H100，300
壁：軽鉄組みPBt12下地アートペイント　腰
壁／軽鉄組みPBt12下地カリン材練り付け
パーティション／透明ガラスt12エッチング加
工　手摺り／ステンレスパイプHL　特注
FRP手摺りアートペイント
天井：軽鉄組みPBt12下地AEPローラー
間接照明内部／アートペイント
照明：特注シャンデリアおよびブラケット
家具：カウンター・甲板・大理石本磨き　腰・
カリン材CL
●撮影：ナカサ&パートナーズ（'93年2月号）

キング ムー・データ（P156）

工事種別：一戸建て　新築
用途地域地区：商業地域
建ぺい率：制限100％＞実効85.85％
容積率：制限600％＞実効206.31％
構造と規模：RC造　地下1階　地上3階建て
敷地面積：707.65㎡　建築面積：607.51㎡
床面積：地下1階119.85㎡　1階537.36㎡
2階437.70㎡　3階319.15㎡　合計1459.91㎡
工期：1990年5月10日～1991年2月20日
総工費：35億円
●営業内容
開店：1991年3月1日
営業時間：午後7時～深夜　定休日：なし
電話：キングムー／(011)531-1388
　　　インティコリ／(011)531-1488
経営者：ユニバーランド㈱
従業員：サービス35人　厨房5人　合計40人
収容人員：1・2階400人（スタンディング含む）
3階48人　合計448人
客単価：女性3800円　男性4300円
料金システム：入場時にプリペイドカードを購
入。店内の自動販売機やバーでドリンクを購入
ビール　コーラなど400～
カード／女性3800（4000）　男性4300（4500）
（　）内は金曜・土曜・祭日前日の料金
●主な仕上げ材料
屋根：アスファルト防水
外壁：トラスウォールコンクリート打ち放し
外部床：インターロッキングブロック　御影石
貼り本磨き
サイン：ステンレス
床：ロックウール成形板t50＋ポリエチレンフ
ィルム＋シンダーコンクリートt20下地合成樹
脂系塗り材（ケミクリート／ABC商会）レ
ジンテラゾ貼り（テラリスタ／タジマ）　タイル
貼り　大理石貼り本磨き
幅木：タイルおよびステンレスプレート
壁：発泡ウレタンt50＋グラスウールt100＋
PBt12＋鉛シートt1＋PBt12下地合成樹
脂エマルション系薄塗材（ジョリパット／アイ
カ工業）　アルミパネル貼り　ミラー貼り
天井：PBt12下地ジョリパット吹き付け
什器：アルミ鋳物

●撮影：安達　治（'91年5月号）

キャメルズ・データ（P160）

工事種別：ファサードと内装　全面改装
床面積：地下1階・2階各132㎡　計264㎡
工期：1989年6月12日～7月23日
●営業内容
開店：1989年9月1日
営業時間：午後7時～深夜
定休日：なし　電話：(03)3584-5401
経営者：エー・プロジェクト㈱
従業員：サービス25人　厨房3人　パート・ア
ルバイト常時10人　合計38人
客席数：130席
客単価：7000円　客回転数：1.5回
主なメニューと単価：カバーチャージ1000
ビール1100～1200　カクテル・ブランデー1200
～　ワイン900～　スコッチ・バーボン1100～
コーヒー・ミントティー1000　スパゲティ1500
木の子と鴨のマリネ2000・ミモザ風サラダ1500
ビーフ和風ステーキ3500　エスカルゴ2500
●主な仕上げ材料
アプローチ：床／モルタル下地鉄平石貼りt35
～40および割りタイルモザイク貼り　壁／PB
t12下地割りタイルモザイク貼り　天井／PB
t9下地割りタイルモザイク貼り
床：地下1階／モルタル下地カーペット（シー
ザルブラックカーペット／デコペ）　地下2階
／モルタル下地鉄平石貼りt35～40
壁：PBt12下地しっくい
天井：PBt9下地しっくい
飾り窓：FL内蔵調光器付き
照明器具&家具：フランス・トルコより輸入（サ
ム・ロバタがセレクト）
●撮影：鳴瀬　亨（'90年2月号）

ジュリアナ トウキョー・データ（P163）

床面積：1200㎡
インテリアデザイン：Lisa Der
壁画：Adam Roger・Jane De Forest
照明デザイン：Arden Peddell
テクニカルディレクター：Colin Mitchell
グラフィックデザイン：C.A.S.E.Inc.
●営業内容
開店：1991年5月15日
営業時間：午後6時～深夜　定休日：なし
電話：(03)5484-4000　経営者：東京倉庫運輸
㈱
運営者：ジュリアナズ・ジャパン
オペレーション：ジュリアナズ・ジャパン
客席数：500席　最大収容人数：2000人
ターゲット：OL、サラリーマン
料金：平日（日～木）／男性5000円　女性4500円
金，土&祝日前日／男性5500円　女性4500円
投資額：15億円
●撮影：ナカサ&パートナーズ（'91年11月号増
刊）

ヘヴン・データ（P166）

工事種別：内装のみ　全面改装
床面積：5階540㎡（うち厨房25㎡）　6階342㎡
（うち厨房25㎡）　ディスコ合計882㎡（うち厨房
50㎡）　8階638㎡（うち厨房33.4㎡）　9階530
㎡（うち厨房35.0㎡）　屋上階339㎡　ライブハ

ウス合計1507㎡(うち厨房68.4㎡)
工期:1991年2月1日〜6月10日
●「ライブハウス」営業内容
開店:1991年6月19日
営業時間:ライブステージの時間に合わせてオープン
定休日:なし 電話:(06)649-2014
経営者:㈱高砂殿
従業員:スタッフ4人 ホール5人 厨房3人 パート・アルバイト常時6人 合計18人
客席数:5階200席 6階40席 合計240席(〜600人)
主なメニューと単価:入場料込み2枚チケット(ワンフード・ワンドリンク) フード各種500 ドリンク各種500(生ビール・缶ビール・ウオツカ・ジン・ラム・バーボン・ソフトドリンク)
●「ディスコ」営業内容
開店:1991年6月10日 営業時間:午後8時〜深夜 定休日:なし 電話:(06)649-2017
経営者:㈱高砂殿
従業員:サービス30人 厨房5人 パート・アルバイト常時10人 合計45人
客席数:200席(スタンディングを除く)
客単価:2300円〜2400円
主なメニューと単価:ワンドリンクチケット込み入場料2000 アルコール類各種500 年代物ウイスキー(S)1000〜2000 〈レストランメニュー〉スパゲティ各種800〜1000 クラムチャウダー800 サイコロステーキピラフ1000
●主な仕上げ材料
〈5・6階ライブハウス〉
床:モルタル下地リノリウム長尺シート貼り(アロマナチュール/アドヴァン) ブビンガ材貼り
壁:PBt12下地AEP塗装 ブビンガ材貼り
天井:PBt9下地AEP塗装
バーカウンター:天板&側板/ブビンガ材貼り 側面バー/クロムメッキ鉄板パターン切り抜き
〈8・9階ディスコ〉
床:モルタル下地大理石(キャンティマーブル/アドヴァン) 寒水入りモルタル金こてサンダー仕上げ
壁:PBt12下地EP塗装 一部スタッコ仕上げ(スタッコアンティコ/エバーファースト)
天井:PBt9下地AEP塗装 スカイライト/アルミフレームOP 合わせガラスt6+t10
DJステージ:鉄骨トラス組み 床部分グレーチング
●撮影:山田誠良('91年9月号)

ウォナ ダンス・データ(P170)

工事種別:内装のみ 部分改装
床面積:地下2階120.38㎡ 地下1階119.42㎡ 合計239.80㎡(うち厨房4.78㎡)
工期:1992年3月1日〜3月29日
総工費:2860万円
解体撤去費120万円 内装造作費1200万円 電気設備費150万円 照明器具120万円 家具・什器費760万円 音響設備費300万円 オブジェ制作費210万円
●営業内容
開店:1992年4月1日
営業時間:午後7時〜深夜

定休日:なし 電話:(03)3409-7607
経営者:㈱三倶
従業員:社員5人 パート・アルバイト常時20人 合計25人 客席数:40席
入場料:日曜〜木曜日2000円(1ドリンク付き) 金曜・土曜日3500円(3ドリンク付き)
主なメニューと単価:2コイン1000 ビール,カクテル,ソフトドリンク1コイン
●主な仕上げ材料
床:フローリング染色ウレタン塗装900角 ウレタンt8下地特注色じゅうたん敷き
壁:PBt12二重貼り下地骨材入り積層吹き付け塗材(ヘキサイトソフト/東京工業) オブジェ/FRPおよびスチロールハイキャスト ファブリックアートワーク
天井:PBt12下地AEP
照明器具:スチールRパイプR加工DL スチールロッドメラミン焼き付け+布地張り込みシェード
家具:カウチ/牛毛皮張り込み
●撮影:ナカサ&パートナーズ('92年6月号)

イエロー・データ(P174)

工事種別:ファサードと内装 新築
床面積:地下2階249.02㎡ 地下1階154.50㎡ 合計403.52㎡(うち場房10.5㎡)
工期:1990年10月10日〜12月10日
総工費:2億2200万円(レストランも含む)
建築躯体工事費800万円 内装造作費8500万円 空調設備費2100万円 厨房設備費700万円 給排水衛生設備費350万円 電気設備費1800万円 照明器具費2200万円 家具・什器費750万円 音響設備費3500万円 オブジェ制作費1500万円
●営業内容
開店:1991年12月12日
営業時間:イエロー(バー・カオスを含む) 午後6時〜深夜 定休日:なし
電話:イエロー/(03)3479-0690 カオス/(03)3479-1054
経営者:㈲金八
従業員:プレス1人 営業1人 グラフィック1人 企画1人 DJ2人 PA1人 サービス8人 厨房1人 パート・アルバイト常時20人 合計36人
客席数:イエロー60席 カオス40席
レンタル料金:(イエロー) スペース65万(午前10時〜午後10時) 照明機材7万 PA9万
主なメニューと単価:(バー・カオス) ビール700〜900 カクテル500〜2200 ソフトドリンク500
●主な仕上げ材料
〈イエロー〉
床:軽量コンクリート下地フローリング貼りウレタンフィニッシュ900角 モルタルウレタン仕上げ 階段/スチール製・踏み板・スチール製チェッカードプレート 手すり・スチール亜鉛メッキ 滑車ワイヤー締め
壁:モルタル下地カラーモルタル仕上げ PBt12下地鉛合板CL 一部アルミダイキャストオブジェ模様吹き付け塗装(ジョリパット/アイカ工業)
天井:デッキプレート
照明器具:演出用特殊照明K-2, スピナーほか
家具:カウンタートップ/黒皮鉄板ウレタンフ

ィニッシュおよびアルミダイキャスト ハイテーブルトップ/中密度ファイバーボード下地シルバー塗装 脚部・アルミダイキャスト
〈バー・カオス〉
床:軽量コンクリート下地モルタルウレタン塗装 一部スチールアート埋め込み
壁:PBt12下地鉛合板CL 一部アルミダイキャスト オブジェレリーフ/スチールアートワーク
天井:デッキプレート
家具:カウンタートップ/ブビンガ材OFウレタン仕上げ ハイテーブルトップ/中密度ファイバーボード下地ウレタン系塗装(ボンスエード/武蔵塗料) 脚部・アルミダイキャスト
●撮影:野口毅('92年3月号)

ティワイオゥ・データ(P178)

工事種別:内装のみ 全面改装
床面積:323.4㎡(うち厨房30.3㎡)
工期:1990年2月28日〜5月9日
総工費:1億6900万円
解体撤去費650万円 サイン200万円
内装造作費・空調・給排水衛生・電気設備費8680万円 厨房設備費700万円 照明器具費4500万円 音響設備費1100万円 オブジェ制作費800万円 アートパネル制作費270万円
●営業内容
開店:1990年5月16日
営業時間:午後6時〜午前0時
定休日:なし 電話:(03)3718-5250
経営者:㈱ラム・コーポレーション
従業員:サービス8人 厨房2人 DJ5人 パート・アルバイト常時10人 合計25人
客席数:125席
客単価:3000円 客回転数:2回
料金システム:入場料/男性4500 女性4000(チケット10枚)
主なメニューと単価:ビール3枚 カクテル2〜3枚 ジュース2枚〜 ジャックダニエル(ボトル)6000 ヘネシーOP(ボトル)15000 手巻寿司1〜2枚 シーフードマリネ3枚 スパイシーナゲット2枚 フルーツ盛合わせ6枚 スパゲティ3枚
●主な仕上げ材料
床:エントランス/スチール角パイプ組みクリアアクリルt5の上強化ガラス敷きt12 内部寒水石敷き込み バーコーナー/フローリング(ラバーウッドワンハーフ/ボード)パターン貼り ダンスフロア/テラゾタイル(カールマーブル&フェレグラニット/アドヴァン)パターン貼り400角 客席/タイルカーペット貼り(ABC商会) VIPルーム/構造用合板t12二重貼り下地カーペット敷き(エグモンカット&ワイキキブルー/ニッタン)
幅木:アルミ鏡面 H60
壁:エントランス/PBt12下地VP バーコーナー/PBt12下地ビニルクロス(ニップ吉村)パターン貼り ダンスフロア&客席/既存モルタルの上 スミ入りモルタルワックス仕上げ クリアミラーパターン貼り VIPルーム/PBt12下地クロス貼り(シンコール) アートパネル取り付け
天井:バーコーナー&客席, ダンスフロア/遮音ボードt9+PBt12下地VP オブジェ吊

り込み VIPルーム/遮音ボードt9+PBt12下地クロス貼り(シンコール) 一部VP
照明器具:ハロゲンスポット ハロゲンダウンスポット クレイジームーン フォルテ400 KIT12 ビッグストロボ ミラーボールφ600×1個 φ450×2個 φ300×72個
イス:ユーロフォルム 小林洋家具
●撮影:鳴瀬亨('90年8月号)